ORGANISATION HOLISTIQUE
DU TAROT DE MARSEILLE

AMBRE
ÉDITIONS

Le Tarot utilisé par cet ouvrage est celui des éditions Yves Reynaud accessibles à l'adresse suivante :
https://www.tarot-de-marseille-heritage.com/contact.html

REMERCIEMENTS
Tous mes remerciements à Yves Reynaud pour l'autorisation qui m'a été accordée de pouvoir utiliser les images du Tarot Conver de son édition historique.

Je dois la plus grande gratitude à Héloïse Henry pour son travail de graphiste, ainsi qu'à Didier Vrac pour son investissement dans ce projet.

ISBN : 978-2-940594-37-5
www.editionsambre.ch ou editions-ambre.fr

Hem Elbée

ORGANISATION HOLISTIQUE
DU
TAROT DE MARSEILLE

AMBRE
ÉDITIONS

ÉPIGRAPHES

C'est donc un jeu d'argent avec sa règle qui s'est installé en une traînée de poudre dans les bistrots de l'Europe entière. Ce fut une bouteille à la mer, une connaissance transmise, en aveugle, aux générations futures, à toutes fins utiles. Parce que le support était modeste, parce que le jeu permettait de gagner de l'argent, parce qu'il faisait parler les images et non les mots et pour encore d'autres raisons sans doute, le message s'est transmis jusqu'à nous.

Jean Claude Flornoy

À l'aube des religions, Dieu était une femme.
En avez-vous gardé mémoire ?

Merlin Stone, *Quand Dieu était femme. À la découverte de la grande Déesse, source du pouvoir des femmes*, 1976, trad. 1979

Il y a beaucoup de noms pour le pouvoir-du-dedans dont aucun n'est entièrement satisfaisant. Il peut être appelé esprit, mais alors cela le sépare de la matière et cette fausse coupure fonde les institutions de la domination. Il pourrait être appelé Dieu, mais le Dieu des relations patriarcales a été la source ultime et le dépositaire du pouvoir-sur. Je l'ai appelé immanence, un terme à vrai dire froid et intellectuel. Et je l'ai appelé la Déesse, car les anciens mythes, symboles et images de la Déesse comme l'enfantement, le tissage, la terre, la croissance des plantes, le vent, l'océan, la flamme, le tissu, la lune et le lait, me parlent tous des pouvoirs de ce qui connecte, nourrit, guérit et crée.

Starhawk, *Femme, magie et politique*, 1984, trad. 2003.

SOMMAIRE

INTRODUCTION

L'ORIGINE HISTORIQUE DU TAROT

Le Tarot relève de l'hermétisme

Le Tarot se révèle à toute personne attentive, non seulement à ce que chaque carte évoque en elle-même, mais aussi à la position qu'elle tient au sein de cet ensemble systémique qu'il représente. La vision holistique est la clef qui permet d'ouvrir le Livre du Tarot, et celle-ci est fondée sur la distribution des cartes cinq par cinq.

Le Livre du Tarot n'est pas en effet uniquement constitué des soixante-dix-huit pages que beaucoup se contentent de lire en lui, quand on ne le réduit pas aux vingt-deux pages que représentent les Atouts. C'est en réalité un ensemble où les cartes ne cessent de s'interpeller les unes les autres, entrant en relation de nombreuses manières, tant dans la suite des Nombres, que par le jeu des Niveaux et des Couleurs, des Verticales, des Croix de Contradictoires et de Complémentaires, mais aussi par celui du voisinage, tout comme enfin par celui des influences harmoniques qui existent entre Atouts et Cartes de Couleur. C'est à partir de ces relations que l'interprétation qui peut être faite de chaque carte rebondit et entre en résonance avec une iconographie dont la symbolique n'est plus la seule source du sens, mais doit s'accorder avec la place qu'occupe la carte dans l'ensemble du Tarot.

La distribution cinq par cinq cartes entre les joueurs qui était la règle au commencement du jeu de Tarot – et cette règle dura au moins jusqu'à la fin du XVIIIe siècle comme en témoigne Court de Gébelin – organise les cartes de telle sorte que se dévoile immédiatement que la Terre du Tarot qu'incarnent les cartes numérales et le Ciel du Tarot que représentent les Atouts se reflètent mutuellement, mettant en image le plus central des préceptes hermétiques : « Ce qui est en bas, est comme ce qui est en haut ; et ce qui est en haut est comme ce qui est en bas, pour faire les miracles d'une seule chose ». L'organisation holistique du Tarot qui émerge de la distribution des cartes cinq par cinq permet aussi de voir quel est le rôle des cartes de Cour dans leur représentation en quatre Couleurs de l'humanité : celles-ci sont le point de jonction entre le Ciel et la Terre, réalisant à la fois leur union et leur ressemblance.

C'est aussi en tenant compte de cette organisation holistique que l'on comprend de quelle manière l'ensemble que forment les soixante-dix-sept cartes d'avant l'Atout XXI se reflètent, aussi, dans cet Atout, le plus élevé de tous, nommé « Le Monde », en ce qu'il contient toutes les autres cartes, tout comme son nombre XXI possède en lui tous les nombres, aussi bien ceux en jeu dans les Enseignes, que ceux qui ont leur place dans les Atouts, car le XXI n'est rien d'autre que quatre « V » reliés deux à deux par la pointe, quatre V qui représentent tout à la fois les quatre Niveaux des Atouts et les quatre Couleurs qui organisent les Cours et les cartes numérales, toutes étant, aussi, harmonisée par cette humanité transfigurée que sont tout à la fois la Danseuse du Monde et le « I » du chiffre XXI.

C'est l'organisation holistique du Tarot qui permet de faire le départ entre les nombreuses interprétations qui se sont déployées depuis que Court de Gébelin a fait la découverte, dans la France des Lumières, d'un jeu qui lui sembla immédiatement bien autre chose qu'un passe-temps d'argent. Les interprétations qu'on peut faire des cartes du Tarot, tout en restant les expressions d'une subjectivité et d'une créativité tarologiques et humaines, nécessairement fondées sur les projections personnelles de l'interprète, ne peuvent en effet et à bon droit entrer en contradiction ni avec les données structurelles du Tarot ni avec le contexte historique de son émergence.

L'apport byzantin à la Renaissance italienne

Les historiens sont catégoriques : le Tarot n'existe pas avant le XVe siècle, où les jeux de Naibi à Triomphes apparaissent dans les cours princières d'une Italie en pleine Renaissance. Et c'est dans ce contexte, sans doute à la fin de ce siècle et à Milan, qu'un créateur du Tarot s'empare de ces jeux princiers de divertissement et d'argent que sont les Naibi à Triomphe pour en faire une image de la tradition hermétique telle qu'elle s'était renouvelée, par ce que les historiens appellent « l'apport byzantin à la Renaissance italienne » : des intellectuels, des savants, des philosophes et des artisans de Constantinople, fuyant l'invasion ottomane, se sont réfugiés en Italie et ont transmis les connaissances linguistiques, les savoirs antiques et les savoir-faire qu'ils amenèrent avec eux. Apportant des écrits de l'Antiquité jusqu'alors inconnus en Occident, leur connaissance de la langue grecque leur permettait aussi de corriger des textes mal traduits, et de faire renaître tant l'enseignement philosophique, hermétique et alchimique que le message évangélique.

Ce renouvellement des traductions bibliques et la relecture précise des *Évangiles* inaugurèrent, aussi, un mouvement religieux de retour aux sources, qui aboutira à la Réforme qui allait répandre, en Europe, une compréhension fondamentaliste, austère et rigoriste du message évangélique renforcée par la

Contre-Réforme catholique, et conduire au rejet violent de la vision hermétique, magicienne, et humaniste qui, un siècle plus tôt, avait fait naître le Tarot. La chasse aux sorcières déferla sur l'Europe à partir du XVIe siècle, en même temps que se déchaînaient les guerres de religion, mais le Tarot et son message humaniste, platonicien et hermétique passa au travers des troubles de ce temps, transmis par les joueurs à leur insu, jusqu'à ce que Court de Gébelin, un franc-maçon, le découvre, en plein siècle des Lumières et qu'il comprenne que ce jeu était bien plus qu'un divertissement et un jeu d'argent.

À l'époque où naît le Tarot, une liberté exceptionnelle est accordée aux intellectuels d'une Renaissance italienne où l'humanisme s'épanouit. Le Tarot est l'expression de cet humanisme né au croisement des trois grandes influences qui en ont fait un objet unique dans l'histoire de l'Occident : il est la mise en image des connaissances hermétiques d'une part, de la philosophie platonicienne et néoplatonicienne d'autre part, et enfin, il est surtout profondément chrétien, mais sans subir aucun des dogmes religieux de l'époque, se détournant des déformations qu'avait subies l'enseignement de Jésus de Nazareth, depuis Paul de Tarse, puis tout au long du Moyen Âge, par des siècles de croyances populaires contrôlées par l'Église de Rome.

Le Tarot incarne en effet la foi de ses créateurs en l'imminence du royaume de Dieu annoncée par Jésus de Nazareth, mais en en dévoilant les conditions alchimiques et philosophiques qui devaient permettre la construction sur Terre d'un Éden qui, au lieu de se trouver à l'origine de l'histoire de l'humanité ou dans un monde imaginaire post-mortem, lui apparaissait comme l'horizon possible de l'histoire humaine.

L'organisation holistique du Tarot est la mise en image des moyens et des conditions de cet Éden promis par l'enseignement évangélique, afin que s'épanouisse, en chacun d'abord, et en tous ensuite, cette graine de sénevé révélée par Jésus de Nazareth, c'est-à-dire cette partie lumineuse de l'âme humaine qui doit grandir en chacun pour permettre l'advenue du royaume de Dieu sur Terre.

Cette advenue qu'annoncent les *Évangiles* se traduit dans le Tarot en langage hermétique et parle d'union mystique entre le Ciel et la Terre et la naissance de l'Humanité transfigurée. Cette naissance est mise en scène dans l'avant-dernier Atout, l'Atout XX, tandis que l'Atout XXI incarne l'éternité atteinte par l'humanité royale dans une Danseuse qui harmonise toute la réalité, et qui se révèle gardienne de la Terre, protectrice de la biosphère, créatrice de l'Éden, ce jardin à la fois terrestre et céleste promis pour la fin des temps.

C'est, dans ce contexte si particulier et en mettant en œuvre cet esprit inventif de la Renaissance, et libéré de l'encadrement et des limites des croyances médiévales, qu'on imagine désormais un ou plusieurs créateurs du Tarot avoir trouvé le moyen de traduire une espérance spirituelle à la fois chrétienne et hermétique et de la diffuser dans un simple et inoffensif jeu de cartes qui puisse passer inaperçu aux yeux de la toute puissante Inquisition, cette terrible et parfois violente police religieuse de Rome qui sévissait alors déjà en lançant le vaste mouvement de chasse aux sorcières, qui allait se déployer dans les deux siècles suivants en échappant au contrôle de l'Église. Le ou les créateurs du Tarot a ou ont laissé cependant aux amateurs en quête de sens suffisamment d'indices pour qu'ils puissent retrouver, siècle après siècle, les voies que l'Adepte avait tracées dans le Tarot, leur donnant accès discrètement à ce dangereux enseignement, tout en échappant, eux aussi, aux procès et condamnations.

Les historiens nous permettent de suivre le parcours qu'emprunte le Tarot au fil des siècles, en Europe d'abord, puis ailleurs : les jeux de Naibi à Triomphes qui apparaissent en Italie dans les cours princières, où naît le Tarot, se popularisent au XVIe siècle par l'usage de la xylographie qui reproduit les images à peu de frais. Parmi ces jeux, le Tarot de Marseille dans sa spécificité apparaît à Milan d'abord. A-t-il suivi Ludovic Sforza qui meurt en France ou Léonard de Vinci qui avait emporté plusieurs de ses œuvres dans ses bagages pour se rendre au clos Lucet, dans le Val de Loire, auprès de François 1er ? Quoi qu'il en soit, le Tarot se retrouve ensuite en France où il est transmis avec fidélité par les cartier français, avec ses enseignes italiennes (Denier, Bâton, Épée et Coupe), ainsi que son ordre et son organisation. Rabelais en fait ainsi l'évocation, au XVIe siècle dans *Gargantua*.

Le Tarot continue ensuite son voyage en Europe et se retrouve propagé par les joueurs en Suisse et, à partir du XVIIe siècle, en Allemagne, tandis qu'il disparaît à peu près complètement en France où il revient à la fin du XVIIIe siècle pour être alors découvert, par Court de Gébelin, en tant que Tarot initiatique. C'est en tant que tel qu'il rejoint ensuite l'Angleterre, où il est transformé par les occultistes et emmené, à la fin du XIXe siècle, aux États-Unis puis partout dans le monde.

La découverte du Tarot par Court de Gébelin

Lorsque Court de Gébelin découvre le Tarot, il ne cherche pas les indices qu'y ont laissé les créateurs et humanistes de la Renaissance ou peut-être les cartier français qui, aux XVIIe et XVIIIe siècles, ont transmis un Tarot initiatique. Court de Gébelin le découvre en le lisant à travers les filtres que lui imposaient des connaissances ésotériques acquises dans les loges maçonniques et par son propre travail de recherche sur la mythologie antique. Cette lecture le conduit hélas à rater l'essentiel : la distribution des cartes cinq par cinq qui permet d'ouvrir le Livre du Tarot.

Mais ne soyons pas trop durs avec cet Académicien des Lumières, car si le Tarot de Marseille, dans son canon, relève d'une Tradition spirituelle née à la Renaissance italienne, la place exceptionnelle qu'il occupe auprès de tous ceux qui, dans le monde moderne, s'intéressent à la symbolique, est due à cette découverte qu'en fit Antoine Court de Gébelin en pleine période des Lumières.

Invité à la table de jeu d'une amie que les historiens ont identifiée comme étant Mme Helvétius, Court de Gébelin fut stupéfait par la puissance des allégories qui passaient entre les mains des joueurs et dont il s'est empressé de révéler le sens. Voici le récit qu'il fit, dans *Le Monde primitif analysé et comparé avec le monde moderne*, publié en 1778, des circonstances de sa rencontre avec le Tarot et la vision immédiatement égyptienne qui s'impose à lui :

Invité il y a quelques années à aller voir une dame de nos amies, Madame la C. d'H., qui arrivait d'Allemagne ou de Suisse, nous la trouvâmes occupée à jouer à ce Jeu avec quelques autres Personnes. Nous jouons à un Jeu que vous ne connaissez sûrement pas... Cela se peut ; quel est-il ?.. Le Jeu des Tarots... J'ai eu occasion de le voir étant fort jeune, mais je n'en ai aucune idée...C'est une rapsodie des figures les plus bizarres, les plus extravagantes : en voilà une, par exemple ; on eut soin de choisir la plus chargée de figures, et n'ayant aucun rapport à son nom, c'est Le Monde. J'y jette les yeux, et aussitôt j'en reconnais l'allégorie. Chacun de quitter son Jeu et de venir voir cette carte merveilleuse où j'apercevais ce qu'ils n'avaient jamais vu. Chacun de m'en montrer une autre : en un quart d'heure le Jeu fut parcouru, expliqué, déclaré Égyptien. Et comme ce n'était point le jeu de notre imagination, mais l'effet des rapports choisis et sensibles de ce jeu avec tout ce qu'on connaît d'idées Égyptiennes, nous nous promîmes bien d'en faire part quelque jour au public ; persuadés qu'il aurait pour agréable une découverte et un présent de cette nature, un Livre Égyptien échappé à la barbarie, aux ravages du temps, aux incendies accidentels et aux volontaires, à l'ignorance plus désastreuse encore.

L'œil éduqué aux symboles par sa participation aux loges maçonniques, mais aussi par sa passion pour les mythologies antiques, Court de Gébelin, un membre alors fort réputé de l'Académie française, a immédiatement vu, en ce jeu de société arrivant d'Allemagne qu'était devenu le Tarot, le Livre perdu d'un savoir primitif, secret et égyptien que les joueurs auraient conservé siècle après siècle, sans se douter du trésor qu'ils transmettaient à leur insu. Proposant aussi dans *Le Monde primitif* où il présente le Tarot, une analyse étymologique du mot « tarot », Court de Gébelin affirme que ce mot renvoie à la notion de « voie royale » (du mot « tar » chemin et rot : « roi »), invitant dès lors les amateurs à chercher le chemin initiatique qui s'y trouve tracé.

Le comte de Mellet, qui contribua par une dissertation à cette présentation du Tarot que fit *Le Monde primitif* de Gébelin, affirme qu'il s'agit du savoir transmis en images aux hommes par l'ancien dieu égyptien Thot et que les Grecs appelaient Hermès Trismégiste, le «trois fois grand », et qui était considéré par les alchimistes et hermétistes comme le vrai fondateur de leurs traditions secrètes. Le mythe d'une origine égyptienne et divine du Tarot est né là, c'est-à-dire à la fin du XVIIIe siècle, par la découverte et l'interprétation que firent de ce jeu, en pleine période des Lumières, Court de Gébelin et le comte de Mellet.

Les historiens remettent en cause le sérieux des références à l'Égypte au siècle des Lumières, puisque les études des hiéroglyphes ne commencent vraiment qu'à l'ère napoléonienne. Il ne faut donc pas attribuer un sens fort et précis à ce terme de « hiéroglyphe » dont use Court de Gébelin pour désigner les iconographies des Atouts. Court de Gébelin en parlant de savoir égyptien voulait simplement signifier que les iconographies des Atouts relèvent d'un savoir en images très ancien qu'il fallait décrypter.

Au lieu, cependant, de prendre le temps de saisir le Tarot pour lui-même, pour y voir les indices laissés par les créateurs et une continuité de cartier, ce qui lui aurait permis d'en saisir la structure intrinsèque, Court de Gébelin et le comte de Mellet l'ont lu à partir de grilles de lectures inadéquates, inaugurant cette suite d'interprétations de plus en plus débridées et historiquement inacceptables qui fut le fait des occultistes qui allaient s'emparer du Tarot dans les siècles suivants.

Furent ainsi et sont encore convoqués, par toute une suite de tarologues et de taromanciens, aussi bien la magie de l'Égypte antique, que les mystères grecs d'Éleusis, le pythagorisme, la kabbale et l'astrologie, le polythéisme scandinave, l'enseignement secret des Bohémiens puis, plus récemment, la numérologie, et encore l'enseignement perdu des Atlantes, le catharisme, la gnose, l'hindouisme, le tantrisme, le paganisme de la wicca et, depuis la découverte des codex de Nag Hammadi, l'enseignement présumé de Marie-Madeleine, la compagne oubliée de Jésus de Nazareth... Au milieu de ces pseudo-racines antiques ou plus récentes, occidentales comme orientales, foisonnantes et bariolées, le plus constant des filtres de lecture du Tarot fut celui de la kabbale dont la lecture a cependant souvent conduit à une réécriture iconographique du Tarot qui en a presque fait tout autre chose. C'est ainsi que le Rider qui est la retranscription kabbaliste la plus célèbre du Tarot de Marseille s'éloigne du Tarot de Marseille.

Les occultistes et taromanciens n'eurent en effet de cesse de corriger, rectifier un Tarot qui fut transformé, et parfois complètement, pour ressembler aux théories projetées sur lui. Cela commence avec le jeu attribué à Jean Baptiste Alliette :

Le Grand Etteilla, et cela se poursuit avec les jeux d'Éliphas Lévi, de Papus, d'Oswald Wirth pour arriver au Tarot le plus célèbre, et actuellement sans doute le plus utilisé dans le monde, le Rider. Deux membres de la Golden Down, un ordre occulte anglais né à la fin du XIXe siècle, s'y sont attelés : Arthur Edward Waite, l'un des chefs de l'Ordre, et qui fut l'auteur théorique du Rider, et Pamela Coman Smith qui en fut l'illustratrice.

La lecture taromancienne du Comte de Mellet

L'apport particulier du comte de Mellet au Tarot occulte et divinatoire doit être noté car, en contribuant à l'écriture du *Monde primitif* de Court de Gébelin, il emmena le Tarot des humanistes de la Renaissance du côté de la mantique. Rien n'atteste qu'un tel usage du Tarot existait avant la fin du XVIIIe siècle. Il faut donc probablement partir du fait que c'est le Comte de Mellet qui fut l'inventeur de la taromancie, cet usage divinatoire du Tarot qui allait prendre, historiquement, une telle importance.

Cette intuition qu'ont eue ces deux initiateurs du Tarot occulte que furent Court de Gébelin qui en corrobore l'usage dans son *Monde primitif* et surtout le Comte de Mellet qui en donne ce qui lui en semble les clés n'était pas complètement dénuée de sens, car toutes les grandes traditions spirituelles ont eu, durant l'Antiquité du moins, leurs pythies et sibylles, à la fois prêtresses et prophétesses. Dans la religion juive, c'étaient les prêtresses du culte d'Ashéra, la déesse-mère, épouse du dieu Yahvé, qui soulevaient le voile du temps pour faire des prédictions jusqu'à ce que les rois-prêtres hébreux, les fassent immoler imposant, au VIIe siècle avant Jésus-Christ, une monolâtrie dédiée au seul dieu Yahvé, avant que la religion juive ne se transforme en un monothéisme, dans un long mouvement de resserrement religieux autour de Yahvé dieu, qui ne fut cependant possible, que par la répression violente des autres cultes du peuple juif et en particulier celui de la déesse Ashéra (2R 23, 4-13).

S'il n'est donc pas complètement impossible que la taromancie ait existé dans une Renaissance férue d'occultisme et renouant avec l'Antiquité, rien cependant n'en atteste l'existence historique. Il est beaucoup plus probable que les créateurs du Tarot aient simplement voulu organiser une mise en image de l'espérance tarologique, humaniste, hermétique et évangélique ainsi que les conditions pour la rendre réelle, et que la taromancie – cet usage divinatoire du Tarot – soit simplement née de la découverte qu'en fit le comte de Mellet.

Liant les enseignes italiennes propres au Tarot (Denier, Bâton, Épée et Coupe) à la cartomancie qui se pratiquait sur des jeux de cartes aux enseignes françaises (Trèfle, Carreau Piques et Cœur), le comte de Mellet n'a ouvert la porte du Tarot à la divination que par importation d'interprétations déjà existantes. À l'époque par exemple, Jean Baptiste Alliette, connu sous le pseudonyme d'Etteilla, avait écrit un ouvrage de cartomancie : *Le petit Etteilla ou L'Art de tirer les cartes* qui date de 1753, même s'il fut publié plus tardivement (1791). L'interprétation divinatoire des cartes du Tarot que propose le comte s'en inspire manifestement, faisant ainsi des cartes de Coupe un doublet des cartes de Cœur, leur attribuant une signification de bonheur, tout comme des cartes de Bâton un alias des cartes de Carreau, y voyant l'indifférence ou la campagne, des cartes d'Épée une répétition des cartes de Pique qui prédisent le malheur, et enfin des cartes de Denier le miroir des cartes de Trèfle à qui la cartomancie, alors en cours, attribuait la signification de l'argent et de la fortune.

Pour le comte de Mellet, les cartomanciens étaient les lointains descendants d'antiques taromanciens égyptiens dont ils avaient conservé les interprétations transmises oralement de génération en génération, mais en les adaptant aux enseignes françaises plus simples. C'est de cette interprétation historiquement fausse des relations entre la taromancie et la cartomancie qu'est né, auprès des professionnels des arts divinatoires, le statut légendaire du Tarot comme Oracle originel. Les historiens récents ont cependant rectifié le tir : la taromancie est une invention du comte de Mellet et dérive de la cartomancie dont elle a repris les codes inventés sur les jeux aux enseignes françaises en les calquant sur les enseignes italiennes du Tarot de Marseille.

Le comte de Mellet cependant ne fit pas que s'inspirer des jeux de cartomancie, il contribua aussi à enrichir l'art divinatoire en accordant une place aux Atouts dont, dans *Le monde primitif*, il présente quelques interprétations : « Le Soleil répondant au Gimel (Gémeaux) veut dire dans ce sens rétribution, bonheur », affirme-t-il ainsi de l'Atout XVIIII. Par la suite, le rôle des Atouts au sein de la taromancie deviendra majeur. Ces cartes sont même souvent devenues le seul support divinatoire d'une majorité de taromanciens parfois méprisants à l'égard de la cartomancie et des autres oracles. Ce privilège accordé aux Atouts du Tarot par les professionnels des arts divinatoires n'est pas sans raison : les enseignes italiennes, les cartes de Cour et les Atouts du Tarot sont porteurs d'une symbolique extrêmement riche qui font du Tarot un oracle à part, même s'il n'est pas, historiquement, le premier des oracles, et s'il fut certainement créé dans une autre optique que taromancienne, une optique hermétique et initiatique.

Les trois sources d'inspiration des Naibi à Triomphes

Les véritables sources du Tarot ne se trouvent pas dans l'Antiquité égyptienne, mais dans l'Italie de la Renaissance.

Elles s'enracinent dans l'humanisme de l'époque, mais aussi dans l'histoire des cartes des joueurs. Ce que nous apprennent ainsi les historiens, c'est que les jeux princiers de Naibi à Triomphes qui ont, manifestement, servi de base de départ à la création du Tarot de Marseille, étaient eux-mêmes issus de trois types plus anciens de sources, dont deux se trouvaient dans les jeux de cartes en cours dès le XIVe siècle, tandis qu'une troisième source se trouvait dans des poèmes et des images de nature essentiellement édificatrice.

Les jeux de cartes sont apparus en Allemagne, pour la première fois, sous la forme de jeux de cinquante-deux cartes constitués de quatre suites à enseignes, chacune ayant dix cartes à points (cartes numérales) et trois cartes de Cours, ces enseignes et ces cartes de cours variant selon les espaces culturels. Ainsi les enseignes, avant de se fixer, en Europe, sur l'iconographie française étaient nationales : Deniers, Bâtons, Épées, et Coupes étaient en usage en Italie, Trèfles, Carreaux, Piques, et Cœurs en France, Feuilles, Glands, Grelots et Cœurs en Allemagne. Les trois Figures des Naibi subissaient, elles aussi, des variations nationales : il y avait un Roi un Cavalier et un Valet dans les jeux en Italie et en Espagne, un Valet, une Reine et un Roi en France, tandis que les cartier allemands variaient les présentations.

À côté des Naibi, il y avait une autre sorte de jeux de cartes : les jeux de cartes de Cour. Ceux-ci étaient particulièrement en usage, dans la France du XVe siècle, puis en Allemagne. Les cartes de Cour étaient dépourvues d'Enseignes et présentaient des personnages historiques, légendaires ou mythologiques (César, Alexandre, Clovis, le Roi David, Rachel, Pallas…), et dans lesquelles se trouvaient des fous, des valets, des rois et des reines. Ces cartes, désignées sous le terme d'« Honneurs » qu'a conservé ensuite le Tarot de Marseille, ont été élaborées, explique l'historienne Isabelle Nadolny, en tant que « modèles de courage avec les preux, d'honneur, de dévouement, de beauté et de piété avec les dames ». Ces cartes de cour avaient donc manifestement un double but : divertir d'un côté, et instruire et édifier de l'autre.

Face à ces deux types jeux de divertissement et d'argent, mais déjà, pour les cartes de Cour, de moralisation et d'éducation, apparaissaient aussi, en Italie et dès le XIVe siècle, des Triomphes, c'est-à-dire, des poèmes illustrés parlant de Victoires progressives d'allégories de plus en plus puissantes, chacune étant détrônée par la suivante. C'est Pétrarque qui fut l'inventeur de ces Triomphes, et c'est d'autant plus intéressant qu'il fut aussi le premier des grands humanistes à vouloir concilier le message évangélique à l'héritage antique dans un mouvement qui portera un siècle plus tard la création du Tarot.

Ses Triomphes sont des poèmes manuscrits accompagnés de splendides enluminures où un cheminement de Triomphe en Triomphe mène des différents chars des passions au char de l'éternité, le dernier Triomphe. À voir et à lire les Triomphes de Pétrarque, nul doute qu'ils ont inspiré les créateurs de ce que les Français appelleront les « Atouts » des jeux princiers et du Tarot de Marseille, où les nombres croissants manifestent un accroissement de puissance et cela jusqu'aux cinq Atouts cosmiques, les plus puissants, et plus encore jusqu'au Monde qui surplombe tous les autres en les contenant tous.

Les cinquante estampes appartenant à un jeu de cartes qu'on appelle « le Tarot de Mantegna » représentent, pour leur part, une expression frappante de cette créativité picturale italienne à volonté d'édification morale et religieuse qui se mettait au service de l'éducation de la jeune noblesse italienne. Il s'agit d'un jeu éducatif dont on ne sait pas quel fut l'auteur véritable et qui présente la particularité d'organiser et de hiérarchiser cinq séries de cartes désignées par des lettres depuis le Mendiant (« Misero ») jusqu'à Dieu (« Prima causa »).

Sur la carte de la Première Cause, on voit dessinée une série de seize cercles entourés de lumière divine, avec le Tétramorphe aux quatre coins de la Carte : en bas à gauche de l'estampe, il y a un ange, en bas à droite, un taureau, en haut à droite, un lion et en haut à gauche d'un aigle, ces quatre personnages symbolisant les évangélistes.

Nul doute, là aussi, que cette carte de la Première Cause a inspiré l'Atout XXI du Tarot de Marseille qui cependant organise les quatre personnages tout autrement, tout comme il a une toute autre idée de ce qui doit être au centre de tout : non pas des cercles, mais une Danseuse dans la posture du Christ triomphant.

Les Naibi à Triomphes des XVe et XVIe siècles de la Renaissance italienne sont donc le résultat d'une association de ces trois sources que furent les cartes à point aux enseignes italiennes, les cartes de Cour dont quatre personnages sont restés : les Valets, les Cavaliers, les Reines et les Rois, et enfin les enluminures des Triomphes et estampes édificatrices créés aux XIVe et XVe siècles et qui inspireront les Atouts du Tarot de Marseille.

Le Tarot de Marseille est-il Italien ou français ?

Il y a des divergences entre les jeux princiers de Naibi à Triomphes des cours princières et le Tarot de Marseille tel qu'il s'est fixé et fut transmis à travers les siècles : les Triomphes adoptent des iconographies très diverses de jeu en jeu, ne sont ni numérotés ni désignés, tandis que certains jeux ont même des cartes qui n'existent pas dans le Tarot de Marseille. Ainsi la version Cary-Yale du jeu de Naibi à Triomphe le mieux conservé que nous possédons encore : le jeu Visconti-Sforza, comporte, en plus des Triomphes habituels, la Foi, l'Espérance et la Charité. Ces variations témoignent d'une époque où la créativité des artistes était sollicitée par des princes italiens qui aimaient les jeux de cartes et qui aimaient aussi qu'on en invente de nouveaux, quand les croyances religieuses restaient puissantes. Ce sont de ces croyances dont les créateurs du Tarot de Marseille proprement dit se sont détachés, incarnant, dans un modèle singulier au sein des jeux princiers, une vision hermétique et évangélique très émancipée de la doctrine de Rome.

Ces variations ont conduit certains historiens à penser que l'Italie de la Renaissance ne serait pas le berceau originel du Tarot de Marseille, mais la France du XVIIe siècle où des cartier, inspirés par les jeux princiers italiens, auraient inventé et stabilisé ce qui allait devenir le véritable Tarot de Marseille. De fait, les premiers jeux complets du Tarot de Marseille tel que nous le connaissons sont en effet ceux des cartier français dont Jean Noblet, dont le jeu date de 1650, Pierre Madenié, dont le jeu date de 1709, Jean-Pierre Payen, au jeu datant de 1713, Jean Dodal, dont le jeu date de 1715 et, enfin, Nicolas Conver dont le jeu, désormais référentiel, date de 1733. Mais cette interprétation historienne qui ferait de la France de Louis XIV, et non de l'Italie de la Renaissance, le berceau du jeu de Marseille n'est pas acceptable, et cela pour plusieurs raisons.

Au début du XXe siècle, en effet, six cartes en parfaite conformité avec le Tarot de Marseille ont été retrouvées dans un puits du château des Sforza à Milan. Parmi ces six cartes, se trouve un Atout, et non des moindres puisqu'il s'agit du Monde qui est présenté surplombé d'un nombre XXI, et qui surtout possède une iconographie en tout point semblable à celle du Tarot de Marseille. Même si la désignation « le Monde » n'apparaît pas sur cet Atout, une femme nue se tient dans une mandorle entourée aux quatre coins de la carte de la Vache, du Lion, de l'Aigle et de l'Ange dans l'ordre même du

Tarot de Marseille. Les cinq autres cartes retrouvées dans ce puits reprennent en outre les enseignes italiennes qui ont toujours distingué le Tarot de Marseille des cartes des joueurs qui portaient alors en Europe, des enseignes nationales, avant de se fixer sur les enseignes françaises.

Ces six cartes qui sont datées, par les historiens, du XVIe siècle, témoignent que le Tarot de Marseille a vraisemblablement été créé à Milan, par un artiste inspiré sans doute par les jeux princiers de Florence et de Ferrare, mais en imposant un modèle et une structure très précis, car la transmission qu'il entendait entreprendre, dans ce jeu de cartes en apparence inoffensif, était de nature hermétique, une nature sulfureuse déjà à l'époque où le Tarot fut créé.

Un autre événement, trop récent et trop peu médiatisé pour avoir encore atteint la communauté moderne des tarologues, apporte un éclairage essentiel sur cet Atout XXI retrouvé dans le puits du château des Sforza de Mila : à la fin de l'année 2016, les architectes qui œuvraient à la restauration de l'Église du Saint Sépulcre à Jérusalem ont découvert l'existence d'un marbre caché, placé sur le tombeau du Christ, et qui présente un Christ transfiguré entouré d'une mandorle de Lumière et dans une posture absolument identique à celle de la Danseuse de l'Atout XXI : un pied au sol, l'autre levé, une main levée tenant le bâton d'un drapeau et l'autre une bourse, les reins entourés de son linceul.

Cette plaque longtemps oubliée du tombeau christique avait été scellée au début du XVIe siècle, et recouverte d'une autre plaque de marbre. Mais à quelles fins ? Est-ce seulement à des fins de protection ? N'est-ce pas plutôt à des fins de secret à une époque où l'Église de Rome luttait contre les interprétations à ses yeux trop hermétiques et paganistes de l'enseignement christique et qu'aurait bien trop suscitées la vision du Christ dans la mandorle de lumière de son tombeau ?

Cette figure du Christ transfiguré et dansant fut, de fait, ensevelie pendant plus de quatre siècles. Aucune autre représentation du Christ dans cette posture si typique de la Danseuse de l'Atout XXI n'est, à notre connaissance, parvenue jusqu'à nous. Il semble dès lors évident que l'inventeur du Tarot a dû avoir accès sinon au tombeau lui-même, du moins à l'une de ses représentations fidèles, et cela, à une époque où cet accès n'était pas impossible, antérieurement donc au début du XVIe siècle.

La reprise de la danse christique au sein d'une mandorle pour le placer au cœur des quatre Vivants dans un ordre précis, qui n'est ni celui du jeu de Mantegna, ni l'ordre établi par Jean dans l'*Apocalypse*, ni celui qu'on trouve sur la plupart des frontons d'Églises, celle de Notre Dame de Burgos par exemple, ou celle du Tympan de la cathédrale Saint-Pierre et Saint Paul de Maguelone, est la preuve que le Tarot de Marseille, tel que les cartier français les ont transmis, a bien été inventé à Milan, en pleine Renaissance italienne, dans un but initiatique précis : celui de transmettre un enseignement à la fois hermétique et évangélique et qui, en outre, donne un rôle essentiel au Féminin sacré, et cela, en dépit de la censure de Rome à une époque où commençait la chasse aux sorcières et la traque impitoyable de toute forme de magie, mais aussi de toute forme d'affirmation positive de la féminité triomphante dans son lien au surnaturel. Il n'est pas indifférent de savoir que, dans cette cour de Ludovic Sforza, le prince de Milan accueillait des artistes comme Botticelli et Léonard de Vinci aux penchants bien connus pour les sciences occultes, mais aussi un mathématicien aussi essentiel à la vision mystique de la géométrie propre à la Renaissance que Luca Pacioli qui publia, au tout début du XVIe siècle, *La Divine proportion*. Tous ces artistes et géomètres pourraient être les inventeurs du Tarot, et tous furent influencés et inspirés par l'un des pères les plus importants de l'humanisme : Marsile

Ficin dont certains historiens ont même imaginé qu'il pourrait être le créateur du Tarot.

Marsile Ficin et l'humanisme hermétique

Marsile Ficin est, après Pétrarque, l'un des philosophes qui a le plus contribué à l'émergence de cet humanisme de la Renaissance où la redécouverte des sagesses antiques s'alliait aux expérimentations et ingéniosités tant occultes que techniciennes. Disciple du philosophe néoplatonicien byzantin Gémiste Pléthon, il avait appris la langue grecque de son maître puis il avait entrepris la traduction des œuvres de Platon et de Plotin, en latin, pour les rendre accessibles. Il est enfin et peut-être surtout le traducteur du *Corpus Hermeticum* qui regroupait les enseignements les plus importants de l'hermétisme. Le but de son œuvre propre, qu'on trouve en particulier dans *Les trois Livres de la vie* ou sa *Théologie platonicienne de l'immortalité de l'âme*, visait à réconcilier l'enseignement christique, les grandes philosophies platoniciennes et les traditions hermétiques nées dans l'Antiquité, ce qui représente précisément le syncrétisme en œuvre dans le Tarot. Si Ficin n'est probablement pas le père du Tarot, étant d'une époque légèrement antérieure, il en est cependant incontestablement l'un des inspirateurs, et cela au même titre que Pétrarque, l'un comme l'autre ayant œuvré à diffuser l'humanisme propre à la Renaissance et qui est central au sein de ce Livre de sagesse en images qu'est le Tarot.

À la tête de l'Académie platonicienne de Florence fondée par Cosme de Médicis, Marsile Ficin avait en effet des disciples – dont Pic de la Mirandole et Botticelli – qui ont participé, chacun à sa manière, à la diffusion en Europe de cette philosophie née des recherches de Ficin à une époque où l'humanisme entremêlait, de façon quasi indissociable et qui étonne le lecteur moderne, l'hermétisme à l'étude rationnelle de la Nature afin d'y trouver les correspondances exo- comme ésotériques, qui devaient permettre la maîtrise des forces vives ou subtiles en jeu partout dans le monde.

N'avait pas encore cours, alors, ce travail de dissociation entre le rationnel et l'irrationnel qui s'imposera, au XVIIe siècle et particulièrement en France, où dominera le rationalisme cartésien ainsi que l'influence de la puissante Société de l'Oratoire ce qui aura pour conséquence, un rejet de l'astrologie, de l'hermétisme, de la magie, de l'alchimie et qui participa aussi à la chasse aux sorcières. Si Ficin et la grande majorité des artistes, penseurs, chercheurs de l'époque, dont Léonard de Vinci, Botticelli, Paracelse, Campanella, Dürer, etc., avaient connu cette séparation qui allait s'imposer bientôt entre les opérations de la raison et celles de l'imagination et cela pour mieux se défaire des dernières, ils l'auraient vécue comme une absurde amputation de l'esprit humain.

Durant toute la Renaissance, c'est en effet la quête des ressemblances et des analogies qui, comme l'explique Michel Foucault, fonde le savoir occidental. Ces ressemblances et analogies que les chercheurs de vérité traquaient en toute réalité étaient pour eux des signes d'harmonies subtiles servant à la connaissance de l'invisible, connaissance destinée à transmuter le monde.

Jusqu'à la fin du XVIe siècle, affirme ainsi Michel Foucault dans *Les Mots et les choses*, c'est la ressemblance qu'on recherche partout, et non la division analytique : cette ressemblance *a joué un rôle bâtisseur dans le savoir de la culture occidentale. C'est elle qui a conduit pour une grande part l'exégèse et l'interprétation des textes : c'est elle qui a organisé le jeu des symboles, permis la connaissance des choses visibles et invisibles, guidé l'art de les représenter. Le monde s'enroulait sur lui-même : la terre répétant le ciel, les visages se mirant dans les étoiles, et l'herbe enveloppant dans ses tiges les secrets qui servaient l'homme.*

À lire Michel Foucault, on comprend que c'est la pensée entière de la Renaissance qui est herméticienne et alchimique dans sa représentation du réel, et que c'est elle, et non la France de Louis XIV où les artistes mettent en scène la toute-puissance de la raison, qui est le terreau naturel du Tarot. Sa création s'est voulue la traductrice d'une représentation du réel alors commune chez nombre d'érudits, mais cette représentation est si précise dans son organisation qu'elle a exigé la pensée d'un génie particulier et dont le nom reste encore un mystère.

Aux XVe et XVIe siècles, les cabinets d'art et de curiosités – dont celui, célèbre, de l'Empereur Rodolphe II – témoignent de cette unité du savoir où ce qui allait devenir le produit d'expériences proprement scientifiques et d'inventions techniciennes s'accompagnait d'objets, plantes, et squelettes d'animaux exotiques ainsi que d'artefacts étranges où le Tarot avait sa place. Rodolphe II, Empereur du Saint-Empire Romain Germanique dont Nostradamus avait dressé le thème à la naissance et qui était lui-même féru d'occultisme, entendait faire de son cabinet le cœur d'un monde où l'humain et le divin devaient se rejoindre. Giordano Bruno, John Dee, et même Kepler faisaient partie des familiers de Rodolphe II et participaient aux discussions et expériences menées dans ce cabinet secret, discussions dont le Tarot préfigure très clairement l'espérance.

Le rôle de l'Inquisition dans la création du Tarot

À l'époque de la création du Tarot, l'Inquisition, cette police religieuse de Rome, sévissait contre tout ce qui pouvait remettre en cause le dogmatisme catholique qui sépare le monde concret et matériel d'ici bas, d'un au-delà paradisiaque.

Elle traquait les hérétiques d'abord, les sorcières ensuite, mais bien sûr aussi ces humanistes de la Renaissance dont les espérances de transmutation de ce monde-ci lui apparaissaient comme fondées sur un déplorable retour au paganisme antique.

En 1489, Marsile Ficin fut ainsi accusé de sorcellerie et n'échappa que de peu à la répression violente de l'Inquisition contre ces libertés que les créateurs, penseurs, inventeurs et artistes de la Renaissance avaient prises face à la doctrine officielle de l'Église de Rome. Giordano Bruno l'un des plus célèbres occultistes-philosophes et penseurs de la fin de cette époque n'eut pas cette chance, lui qui, en 1600, fut brûlé vif pour avoir refusé de renier sa foi en cette philosophie syncrétiste qu'il défendait, et qui était née de Pétrarque et de Ficin, libérée qu'elle était des limites imposées à la connaissance par la religion, tout en étant encore protégée des limites et restrictions qui allaient naître au XVIIe siècle d'une rationalité moderne s'imposant aux dépens des productions de l'imagination nécessaires à l'esprit hermétique.

Le risque encouru par ces ingénieux philosophes et occultistes de la Renaissance était tel qu'il ne faut s'étonner du fait que l'un d'entre eux – à moins qu'il ne s'agisse d'une association d'artistes et érudits – ait décidé d'user d'un moyen destiné à transmettre cet enseignement tout en restant invisible à l'Église, pour l'infuser au sein du peuple, par une transmission quasi subliminale, au moyen d'images à valeur allégorique. Les auteurs du Tarot ont fait des jeux de Naibi à Triomphes existants et de leur iconographie, mais aussi de leurs nombres et de la place qu'occupe chaque carte au sein de l'organisation holistique du Tarot, une image multiple des voies hermétiques et philosophiques de cette espérance évangélique telle qu'ils la comprenaient et qu'ils entendaient la transmettre.

Que le jeu original du Tarot de Marseille ait rencontré,

au sein des cours princières, des jeux rivaux et sans autre ambition que d'être des divertissements d'argent n'empêche en rien la conviction de tout véritable amateur du Tarot, particulièrement de celui qui fait face à sa structure holistique, que le Tarot tel qu'il nous a été transmis sous le nom de « Tarot de Marseille » avait un autre rôle que celui de divertir.

La convergence entre la représentation de l'Atout XXI tel que déjà il existait en Italie au moins dès le tout début du XVIe siècle et la plaque cachée du Christ triomphant du Saint-Sépulcre fonde la conviction qu'un ou plusieurs créateurs a ou ont légué au monde, de manière déguisée, une philosophie qui révélait le rôle que l'humanité entière avait à jouer au sein de la Création divine. Le Tarot incarne une espérance et une foi humanistes en la possible advenue d'une humanité royale, éternelle, christique, faisant le lien entre la Terre et le Ciel, concrétisant l'union hermétique entre la matière et l'esprit, de telle sorte que l'Éden pourrait enfin trouver sa réalisation ici-bas, la Terre tout entière pouvant devenir ce jardin à la fois céleste et terrestre dont le Christ se révélerait alors le premier bâtisseur.

L'humanité réalisée y a, dans l'Atout XXI, la même posture que le Christ tel qu'il est représenté sur le marbre caché du Saint-Sépulcre, elle a la grâce d'une Danseuse qui transmute le pesant en léger, et qui fait l'unité des quatre dimensions de la réalité qu'incarnent les figures aux coins de l'Atout XXI, mais aussi des quatre Couleurs des Nombres et des Cours, ainsi que des quatre Niveaux des Atouts. Cette humanité réalisée aurait le pouvoir de créer l'union du Ciel et de la Terre.

Il importe peu de savoir, d'autre part, si le Tarot de Marseille, né en Italie à la Renaissance, précède et inspire l'existence de jeux princiers, ou – ce qui est plus probable – si les philosophes créateurs du Tarot se sont servis de jeux préexistants, eux-mêmes inspirés d'une symbolique médiévale connue de tous, pour y inscrire à la fois une structure, une iconographie extrêmement précise, et un enseignement que les joueurs auraient ensuite transmis sans le savoir. L'essentiel est de comprendre que le véritable Tarot de Marseille n'est pas né en France dans des siècles où la rationalité s'imposait avec Descartes et ses successeurs, mais bien à la Renaissance, à une époque où l'esprit humain ne s'imposait aucune limite, ainsi qu'en Italie où les plus brillants esprits de l'époque redécouvraient l'hermétisme, l'alchimie, et la philosophie antique, mettant en lumière l'importance du Nombre d'Or dans la divine proportion qui organise la Création divine, comprenant aussi, d'une manière unique, le message évangélique.

L'ÉNIGME DU TAROT ET SON HISTOIRE MODERNE

Même si avant la découverte qu'en fit Court de Gébelin le mouvement restait confidentiel, le ou les créateur(s) ont offert au monde un jeu qui, dès le début, a suscité l'étonnement, la curiosité, le plus vif des intérêts, mais parfois aussi de puissants rejets. Cet étonnement que l'on ressent devant le Tarot, et ce désir que l'on éprouve d'y trouver sens démarre dès le XVIe siècle. Francesco Piscina voit ainsi dans les Atouts une suite d'étapes en trois parties destinées à parvenir jusqu'à Dieu et il en témoigne dès 1565. D'un autre côté, Flavio Alberto Lollio, à la même époque, s'agace : *que signifient-ils d'autre, La Papesse, Le Chariot, le Traître, la Roue, le Bossu, la Force, l'Étoile, la Lune, la Mort, l'Enfer, et tout le reste de ce carnaval bizarre, si ce n'est que la tête de cet homme [qui a inventé le Tarot] était vide, emplie de fumée, de caprices et de contes oisifs ?*

Les deux types de réactions face au Tarot se sont manifestés, tout au long de l'histoire européenne puis mondiale, jusqu'à nos jours. Les historiens modernes se divisent encore de nos jours au sujet du sens que peut avoir le Tarot : il y a ceux qui y voient une énigme à résoudre et la traduction d'une Tradition spirituelle qu'il s'agit de retrouver, mais qui, pour y parvenir, se raccrochent, malheureusement et à la suite de Court de Gébelin, à des traditions extérieures à celles qui étaient en jeu dans la Renaissance italienne où est né le Tarot de Marseille. Et il y a ceux qui ne voient en lui qu'un jeu de cartes faisant partie d'une foule d'autres jeux d'argent dans lesquels se trouvaient les jeux de Naibi, les jeux de cartes de cour, et les Naibi à Triomphes italiens, le Tarot dit « de Marseille » ne devant sa particularité, selon eux, qu'au fait que les occultistes s'en sont emparés à partir du XVIIIe siècle, en France d'abord puis en Angleterre, pour en faire un médium de divination.

À partir du XXe siècle, une rivalité oppose en outre les tarots anglo-saxons nés des théories de la Golden Dawn et le Tarot de Marseille, français et continental. D'un côté de l'Atlantique, les créations anglo-saxonnes se multiplient, toutes inspirées par le Rider, le Tarot de la Golden Dawn, qui porte le nom de l'éditeur (Rider) ou de l'un ou des deux créateurs (Rider-Waite, Wait-Smith, Rider-Waite-Smith). De l'autre côté de l'Océan, les amateurs s'efforcent de revenir aux sources des plus anciens Tarots de Marseille.

Aujourd'hui, nous avons donc trois types de jeux de Tarot très différents les uns des autres : face aux tarots des joueurs qui ont rejeté les images mystérieuses du Tarot de Marseille au profit de saynètes de la vie quotidienne de la France du XIXe siècle, différentes publications rénovent, sur le continent européen et particulièrement en France, d'anciens jeux retrouvés, à la Bibliothèque nationale à Paris, ou ailleurs. Les publications de Paul Marteau, de Jean Claude Flornoy, d'Alejandro Jodorowsky et de Philippe Camoin, et d'Yves Renaud, en sont les plus connus.

Paul Marteau, héritier des éditions Grimaud, inaugure ce mouvement français d'un retour à l'authenticité des sources du Tarot. Ce cartier, docteur en philosophie, voulait redynamiser la vente de son édition en la spécialisant dans l'ésotérique, et il publia, à cette fin, un Tarot qui s'inspire du jeu de Nicolas Conver et qui prend le nom « d'Ancien Tarot de Marseille ». Ce jeu fait encore référence de nos jours, bien que pour des raisons techniques et économiques, le cartier en a simplifié la colorisation et les traits. De son côté, Alejandro Jodorowsky collabora avec Philippe Camoin pour la publication d'un Tarot qui s'inspire non seulement du Tarot de Nicolas Conver, mais aussi du Tarot de Besançon ainsi que du Tarot de Jean Dodal, suscitant cependant des critiques du fait de détails jugés fantaisistes par les puristes qui, tous, ne veulent que d'un tarot aussi ancien et authentique que possible. Jean-Claude Flornoy rénove et publie dans ce but, les Tarots de Jean Noblet, de Jean Dodal, et celui de Jacques Viéville. Et c'est dans cette lignée qu'on retrouve la publication des Tarots historiques d' Yves Renaud et de Wilfried Houdouin.

Face à ces Tarots français qui se veulent aussi fidèles que possible à un original pensé comme respecté par les anciens cartiers des XVIIe et XVIIIe siècles, le Rider anglo-saxon s'est imposé au Royaume-Uni et aux USA, réinterprétant toutes les cartes, facilitant l'usage divinatoire par les saynètes qui illustrent la symbolique des cartes Numérales, transformant aussi les cartes de Cour et les Atouts en s'inspirant des Naibi à Triomphes princiers de la Renaissance italienne, tout en les réinterprétant à la lumière de ce que ses auteurs avaient compris de la kabbale.

Et c'est encore du côté de cette histoire du Tarot que, dans le prochain chapitre, nous allons nous promener, car avant de présenter l'organisation holistique du Tarot, il nous faut comprendre pourquoi la distribution des cartes cinq par cinq, qui ouvre le Livre du Tarot, est restée inaccessibles aux amateurs. Une suite d'erreurs s'égraine en effet sur le fil de l'histoire des interprétations occultes et divinatoires du Tarot qui sont autant de couches d'envoilement qui ont rendu presque impossible la saisie des indices laissés par les créateurs du Tarot pour ouvrir le Livre du Tarot : d'abord Court de Gébelin impose la distribution des cartes sept par sept, puis Éliphas Lévi fait émerger la rota, une représentation circulaire du Tarot, et enfin Jean-Baptiste Pitois, plus connu sous le nom de Paul Christian, conduit, à la fin du XIXe siècle, à une division des cartes en deux parties devenues dès lors presque irréconciliables, en les désignant sous le nom mystérieux d'« Arcanes » majeurs et mineurs.

Or, pour comprendre le Tarot et découvrir la structure signifiante qui est la sienne, il faut avoir sur lui un regard neuf et interrogatif. Il faut partir du fait évident qu'il y a trois types de cartes et dès lors trois ensembles cohérents et en correspondance les uns avec les autres. Il faut aussi questionner l'importance, le sens et l'écriture des Nombres qu'on trouve sur les Atouts, ainsi que les désignations, particulièrement quand elles surprennent dans leur graphie. Si le Tarot écrit, par exemple, certains « u » en forme de « v », comme dans « LE BATELEVR », si de même le nombre quatre du Tarot s'écrit IIII et non IV, ou encore si Tempérance n'est pas précédé d'un article féminin, si enfin et pour donner un dernier exemple, le mouvement perpétuel de la Roue de Fortune semble inversé, il faut partir de l'idée que ce n'est pas sans raison et que les créateurs du Tarot ou les fidèles cartier français des XVIIe et XVIIIe siècles plaçaient là des indices destinés à trouver la clé du Tarot qui réside dans une distribution de cinq cartes par cinq.

I
LES ERREURS SYSTÉMIQUES DU TAROT OCCULTE

La répartition du Tarot en cinq ensembles de sept cartes

Venue d'Écosse, l'alliée historique de la France – rappelons qu'à l'époque, tout Français vivant en Écosse comme tout Écossais vivant en France bénéficiait de la double nationalité –, la franc-maçonnerie était déjà bien installée en France quand Court de Gébelin découvre le Tarot. Arrivée à Paris en 1725, elle se diffusa rapidement en province. En 1740, il y avait déjà plus de cent loges maçonniques sur le territoire français. Au sein des instances parisiennes, se retrouvaient, en très bonne compagnie, des aristocrates comme le duc d'Orléans et La Fayette, des artistes comme Greuze et Houdon, des savants comme le comte de Lacepède, un zoologiste, et aussi des écrivains comme Voltaire. Court de Gébelin y étudiait les allégories de différentes branches ésotériques. Il était préparé à reconnaître, dans le jeu de Tarot, un objet symbolique exceptionnel.

Dans la reproduction des Atouts à laquelle procède *Le Monde primitif*, Gébelin inaugure une transformation du Tarot qui se poursuivra jusqu'au XXe siècle. Avec lui, Le Pape et la Papesse deviennent : « La Grande Prêtresse » et « Le Grand Prêtre », c'est-à-dire, explique-t-il, les époux sacerdotaux de l'Égypte antique. Le Chariot se renomme : « Osiris triomphant », l'Atout VI devient étrangement, mais avec une interprétation qui s'imposera dans le Rider : « Le Mariage », l'Atout XVII : « Isis ou La Canicule », L'Atout XX : « La Création », L'Atout XXI : « Le Temps », pour citer les exemples les plus frappants de cette métamorphose commençante du Tarot de Marseille.

Et, en ce qui nous intéresse au premier chef, Gébelin fut aussi le premier à chercher la structure qui organise les cartes du Tarot, structure qu'il voit obéir à une distribution des cartes sept par sept : *ce Jeu, explique-t-il dans* Le Monde primitif, *est absolument fondé sur le nombre sacré de sept. Chaque couleur est de deux fois sept cartes. Les Atouts sont au nombre de trois fois sept ; le nombre des cartes de soixante-dix-sept ; le Fou étant comme zéro.*

Cette répartition du Tarot par des ensembles de sept cartes allait désormais prévaloir et elle s'impose jusqu'à nos jours, bien qu'en général les tarologues aient, prudemment, renoncé à inclure les cartes de Couleurs dans cette distribution qui ne concerne à leurs yeux que les Atouts. Cette organisation du Tarot par une distribution sept cartes par sept, ne rencontra qu'une rivale : l'organisation en rota, la roue du Tarot, qui ne concerne là aussi que les Atouts et qui s'impose à partir d'Éliphas Lévi par référence à la kabbale.

La répartition proposée par Court de Gébelin des cartes qui fait du nombre sept la clé du Tarot, construit donc cinq ensembles : l'ensemble des sept premier Nombres de chaque Couleur (des As jusqu'aux sept), suivis de l'ensemble des trois derniers Nombres et des quatre Honneurs (des huit aux Rois), puis d'une première répartition des Atouts qui, en exceptant Le Mat, part du Bateleur jusqu'au Chariot, puis d'un quatrième ensemble composé de La Justice jusqu'à Tempérance, et enfin d'un cinquième qui va du Diable jusqu'au Monde.

Cette répartition gébelinne du Tarot semble cependant

si arbitraire, en ce qui concerne les cartes de Couleurs, qu'elle ne s'est conservée que pour les Atouts. Rien en effet ne justifie cette division qu'opère l'Académicien entre les dix Nombres de chaque Couleur, avec une première partie comportant les sept premiers Nombres (de l'As au Sept de chaque Couleur) et une deuxième partie qui allie les trois derniers Nombres (du huit au dix de chaque Couleur) aux quatre cartes de Cour. Cette division des couleurs est si évidemment inacceptable, qu'en général les amateurs, qui veulent cependant rester dans la distribution de sept cartes en sept, se contentent de l'appliquer aux Atouts, évitant ainsi de s'interroger sur la légitimité de cette distribution qui ne vaut que pour un Tarot tronqué de deux de ses parties : les cartes Numérales et les cartes de Cour.

Ce « trois fois sept » que les tarologues privilégient depuis Court de Gébelin dans leur lecture des Atouts accorde une évidente satisfaction intellectuelle qui explique son attrait, car la symbolique de ce nombre permet de relier les Atouts du Tarot à de nombreuses manifestations cosmiques et humaines : les sept planètes, les sept jours de la semaine et de la genèse, les sept couleurs de l'arc-en-ciel, les sept vertus chrétiennes… tandis que le nombre trois qui détermine trois Niveaux de sept Atouts parle de perfection divine, de Sainte Trinité, et pour les tarologues des trois ordres fondamentaux de la réalité humaine : matériel, rationnel et spirituel…

Mais réduire le Tarot aux Atouts est une forme de facilité dommageable, car on renonce alors aux nécessaires interrogations sur le sens que doit contenir l'organisation d'un Tarot complet. Toute bonne organisation du Tarot, si tant est qu'elle existe et nous en avons fait le pari, se doit au contraire de rendre compte de la place de chacune des soixante-dix-huit Cartes et non des seuls vingt-deux Atouts.

Au XIXe siècle, Éliphas Lévi, de son vrai nom Alphonse-Louis Constant, est le premier à avoir clairement et systématiquement voulu interpréter le Tarot à la lumière de la kabbale, même si, en réalité, c'est l'inverse qui se produisit : c'est le Tarot et son iconographie qui éclairaient une tradition à laquelle il n'avait pas réellement accès.

La kabbale représente une authentique et ancienne Tradition secrète dont l'enseignement, dit la légende, remonterait à Moïse qui, lui-même, l'aurait reçu du divin sur le mont Sinaï, pour le transmettre, ensuite et oralement seulement, à des disciples choisis. Cet enseignement proche du néoplatonisme de Plotin vise une remontée de la manifestation matérielle à l'immatérialité divine, suivant un processus inverse à la Création qui elle-même émane de l'unité divine pour se profuser en une multiplicité d'expressions matérielles. Pour la kabbale, le monde que nous connaissons se distingue cependant du plotinisme par l'idée qu'il n'en serait que le trente-sixième brouillon, la première expression du monde ayant connu une brisure des vases, tant l'énergie divine qui s'y incarnait lui était incontenable. Chacun des êtres humains est donc pensé comme l'expression de cette brisure originelle et a pour mission de se réparer lui-même, et en se réparant, de réparer le monde.

Les textes les plus importants de la kabbale et qui témoignent selon les croyants ou les historiens soit d'un passage historique de l'oral à l'écrit, soit d'une origine historique, sont le *Livre de la clarté* (Sefer Ha-Bahir), *le Livre de la splendeur* appelé aussi *Zohar*, ou encore la *Lettre sur la sainteté* (Igueret ha-Qodech) qui ont été écrits dans un espace temporel, géographique et culturel différent de celui du Tarot et qui, pour l'historien moderne qui ne peut se soumettre à la légende, est le milieu culturel même qui a fait naître la kabbale. Cette dernière serait donc provençale, française et espagnole, et se serait diffusée aux XIIe et XIIIe siècles dans les milieux juifs. Le Tarot est, lui, italien et humaniste, et il est né probablement à la fin du XVe siècle. Même si certains penseurs et artistes italiens s'intéressaient à la kabbale, comme ce fut le cas de Pic de La Mirandole, ce n'est en réalité qu'avec Éliphas Lévi que le Tarot est appréhendé à partir de cette tradition.

Deux références se disputent l'intérêt des commentateurs kabbalistes du Tarot : l'Arbre de vie et les lettres hébraïques. Or, ces références ne s'adaptent ni l'une ni l'autre à une lecture des Atouts du Tarot, et cela n'a rien d'étonnant, car la kabbale est juive, médiévale, et occitane, quand le Tarot naît en Italie à la Renaissance et à l'intérieur d'une représentation humaniste du réel, nourrie de pensées philosophiques et hermétiques venues de l'Antiquité grecque, ainsi que des approfondissements de la géométrie sacrée antique, par le milieu humaniste.

En ce qui concerne la correspondance entre l'Arbre de vie et ses séphiroth organisés en trois piliers (Le Père, La Mère et l'Enfant) d'une part et les Atouts du Tarot d'autre part, les divergences sautent aux yeux : le « pilier de la miséricorde » qui se situe à la droite de l'Arbre de vie et qui lie les Sephiroth Deux (Chokhmah) et Quatre (Chesed), puis Sept (Netzach), relève d'une essence masculine, qui donne donc un genre masculin au nombre Deux, surnommé « Le Père » (Pur Amour et Sagesse), là où le Tarot voit dans l'Atout « II » une entité féminine, voilée et mystérieuse : celle de « La Papesse ». Un même problème se retrouve dans le pilier féminin de la rigueur qui lie au Trois (Binah, « La Mère ») le Huit (Hod, la justice), ce qui correspond bien à la Verticale des III de l'organisation holistique du Tarot comme nous le verrons, mais ce pilier place en son centre le Cinq (Géburah qui veille à l'application des lois cosmiques) là où le Tarot incarne ce nombre cinq dans la figure masculine du Pape, archétype du père socratique.

Il ne s'agit pas là d'exceptions, car la même incompatibilité se retrouve dans les interprétations kabbaliste et tarologique des autres Nombres. Les Atouts, d'autre part, emmènent bien au-delà des Nombres de l'Arbre de vie qui vont du Un au Dix. Il serait donc nécessaire, pour faire coller le Tarot à l'Arbre de vie kabbaliste de procéder à une réduction de chaque nombre supérieur à dix, ce qui conduirait à des absurdités tarologiques. Il est impossible en effet de réduire La Force (XI) à La Papesse (II), Le Pendu (XII) à L'Impératrice (III), L'Atout XIII à L'Empereur (IIII), etc.

Si la comparaison entre les séphiroth et les Atouts n'est pas sérieuse, en revanche, celle qui s'efforce de lire les Lettres hébraïques à partir du Tarot et vice-versa démarre mieux, d'abord parce qu'est en jeu, pour les deux voies initiatiques, du même nombre de vingt-deux : il y a vingt-deux lettres hébraïques et vingt-deux Atouts. Éliphas Lévi qui a fait le rapprochement en a déduit que la symbolique des Atouts du Tarot était le seul moyen d'ouvrir le livre de la magie des anciens qu'était pour lui la kabbale et à laquelle il n'avait pas accès du fait de ses propres traditions : Alphonse Louis Constant de son vrai nom était un ecclésiastique et un érudit, formé à la lecture des anciens mystiques chrétiens et des Pères de l'Église de Rome, ainsi qu'aux écrits de Swedenborg, et non un authentique initié de la kabbale hébraïque. De ce fait, quand il pose une identité parfaite entre les Atouts et les lettres hébraïques, c'est pour découvrir le sens de ces lettres : « les 22 clefs du tarot sont les 22 lettres de l'alphabet cabalistique primitif » affirme-t-il ainsi dans *Dogme et rituel de la haute magie*. Le commentaire que fait alors Éliphas Lévi des lettres hébraïques n'est en réalité que la description des Atouts du Tarot de ce Tarot égyptien qu'il avait sous les yeux. Il a fallu attendre plusieurs siècles pour que d'authentiques analyses kabbalistes des lettres hébraïques soient rendues accessibles au public, à partir de quoi seulement a été possible une comparaison entre la symbolique kabbaliste des lettres de l'alphabet hébraïque et celle du Tarot, ce qui a mis fin alors à l'illusion de croire que le Tarot est issu de cette tradition kabbaliste qui lui reste étrangère.

Le sens des lettres hébraïques est fondé sur celui de l'Arbre de vie explique ainsi Annick de Souzenelle dans *La Lettre chemin de vie*, du fait d'une relation essentielle entre l'énergie macrocosmique divine et immédiatement créatrice et formatrice des « Grandes lettres d'en haut » (les Sephiroth) et leur « image en bas » que sont les « petites lettres » du langage humain auxquelles les premières insufflent le souffle divin et l'unité initiale dont elles sont l'expression. Kether (Sephira Un) se retrouve ainsi dans Aleph (la première lettre), tout comme Chokhmah (Sephira Deux) se trouve en Bet (deuxième lettre), etc. Cette idée de l'existence d'une correspondance entre le Ciel et la Terre, ou entre l'énergie céleste et les incarnations terrestres est aussi une idée tarologique, mais elle vient, en ce qui concerne le Tarot, de l'hermétisme que Marsile Ficin avait rendu accessible et que résume la Table d'Émeraude. Et elle prend, en outre, dans le Tarot, une forme propre à cette vision hermétique qui est la sienne : elle lie les Atouts aux cartes de Cour et aux cartes numérales, par un jeu de ressemblance et de correspondances entre les Niveaux d'Atouts et les Couleurs que révèle la distribution des cartes cinq par cinq.

Si l'on creuse l'interprétation que propose la kabbale des petites lettres pour les comparer aux iconographies des Atouts, apparaissent donc autant de points de convergences que de points de divergence et cela est dû au fait que kabbale et Tarot relèvent de deux traditions initiatiques différentes qui interprètent, chacune à sa manière, la valeur symbolique et numérique des vingt-deux premiers nombres. Leurs interprétations ne sont pas calquées l'une sur l'autre, même si sans doute sont-elles, l'une pour l'autre, et surtout pour nous qui avons désormais accès aux deux traditions, des sources renouvelées de réflexion.

L'interprétation que propose par exemple Annick de Souzenelle de la première lettre, Aleph, est fondée sur l'ancien hiéroglyphe égyptien de la tête de bœuf cornu qui a donné par dérivation de l'alpha grec, le « a » latin, et qui représente un être aux « antennes (cornes) dressées vers le ciel pour en recevoir l'information ». Parce qu'il connaît d'un savoir intuitif ce qu'il sait, l'Aleph peut devenir le chef, le maître, le prince, puis l'époux, c'est-à-dire le divin qui se retire en lui-même pour permettre à l'épouse (la création) d'exister à son tour. La première lettre et le premier Nombre sont alors les expressions d'un Verbe tout puissant qui se manifeste sous cette première forme qu'est la Lumière. L'Aleph est l'inmanifesté de toute manifestation.

Dans le jeu du Tarot, ce qui nous éclaire sur le sens à donner au « Un », c'est l'iconographie du Bateleur, son rôle dans le jeu de Tarot, ainsi que la valeur numérique et l'image des quatre As. Le Bateleur (Atout I) est avec Le Mat (l'excuse des tarots modernes) et Le Monde (l'Atout XXI), l'un des trois oudlers du jeu, dont le rôle est crucial. Mais c'est aussi, en tant que « petit », qu'il est cet oudler des joueurs, c'est-à-dire, en tant qu'il est le plus vulnérable des Atouts. Cette alliance entre la puissance et la petitesse se retrouve dans les As qui sont considérés dans de nombreux jeux de cartes à point comme les cartes les plus puissantes, mais qui représentent aussi les plus petites des cartes numérales du Tarot des joueurs.

Nous dirions donc que, dans une symbolique qui concerne aussi bien Le Bateleur que les As, le nombre « un » apparaît dans le tarot à la fois comme la puissance même qui fait advenir les choses, et la plus petite des réalisations concrètes. C'est la valeur du Nouveau, ce que Jésus de Nazareth appelle « le grain de sénevé » qui, en chaque être humain, est d'abord tout petit, mais qui est, aussi, la semence de ce qu'il y a de plus élevé en matière de manifestations concrètes : le Royaume de Dieu.

Sur l'iconographie du Bateleur, nous avons cette double idée de grande potentialité et de manque de réalisation concrète qui apparaît dans le fait que le personnage est jeune, hésitant dans l'orientation de sa posture. Il a, devant lui, toutes les enseignes du Tarot, mais en miniature, comme des jouets, ce qui fait de lui un enfant ou quelqu'un qui « fait semblant ». Mais il porte sur sa tête, un chapeau en forme de lemniscate, symbole d'infini. En ce personnage, sont donc réunis le petit et l'immense : l'immense comme potentialité, le petit comme réalité.

La volonté de faire absolument coïncider le Tarot et la kabbale a conduit des occultistes à faire du Bateleur un enchanteur, c'est-à-dire le plus puissant porteur de magie. C'est le cas, par exemple, du Rider où le premier Atout est illustré par un Mage levant bien haut son bâton de pouvoir. Il y apparaît comme celui qui manipule des forces magiques supérieures. Mais, dans cette retranscription kabbalistique du Tarot qu'opère le Rider, le terme de « bateleur », dans ce qu'il a de spécifique, disparaît. Or ce terme est significatif, il renvoie à l'idée d'une démonstration de foire. Le Bateleur est souvent un illusionniste. Il promet beaucoup plus qu'il ne tient, comme c'est parfois le cas du potentiel. Il y a, dans ce terme de « Bateleur », une idée de mensonge ou du moins de promesse qui pourrait ne pas être tenue, et qui disparaît dans le Rider parce que ses auteurs ont voulu, à tout prix, y voir l'aleph kabbalistique au lieu d'essayer de comprendre le Tarot pour lui-même et en lui-même.

La lecture kabbaliste du Tarot que propose pour la première fois Éliphas Levi produit une autre difficulté : les valeurs numérales des lettres hébraïques ne suivent pas l'ordre numérique des Atouts du Tarot. À partir de la onzième lettre, la kabbale fait correspondre la lettre à un autre chiffre que onze. Ainsi, Kaph correspond au nombre Vingt, la douzième lettre ; Lamed, au nombre Trente ; la treizième, Mem, au nombre quarante, etc. Par ce saut de dix en dix, la valeur arithmologique première est ainsi conservée par la représentation kabbaliste qui opère une réduction numérique (le vingt se ramenant au deux, le trente au trois, etc.). Si l'on cherche absolument à faire du Tarot une production kabbaliste, on perd ce que le XII ou le XXI, par exemple, peuvent avoir de spécifique dans l'écriture romaine choisie par les inventeurs du Tarot et dont la distinction foncière est signifiante : l'Atout XII manifeste en effet la mise en relation avec une altérité (le II) qui est une extériorité horizontale hostile ou stérilisante ce qui conduit Le Pendu à s'ouvrir à l'altérité verticale, quand l'Atout XXI a, au contraire, entièrement intériorisé toute altérité, la transformant en une mêmeté faite de diversité, et cela à l'intérieur de cette individualité complète et harmonisée que symbolisent à la fois la Danseuse et le I du nombre XXI.

Enfin, et peut-être surtout, cette volonté de faire du Tarot une représentation imagée des lettres hébraïques nous conduit à des perturbations inacceptables de son ordre et de sa logique. Ainsi, le Mat, qui est un Atout sans nombre puisque le zéro n'existe pas en chiffre romain et qui est très logiquement placé au commencement des Atouts du Tarot, tient la vingt et unième place dans le Tarot réinventé comme hébraïque, et cela conformément à un l'alphabet qui possède déjà son propre fou, disant, de ce fait, tout autre chose que le Tarot qui fait du Mat, une sorte d'Atout tohu-bohu d'avant la manifestation.

Les tarologues qui placent Le Mat à la vingt-deuxième place s'inspirent de la kabbale et essaient cependant de conserver Le Monde à la vingt et unième place ce qui accroit encore l'absurdité de ces transformations, du fait que pour le Tarot, il ne peut rien y avoir en dehors du Tout unifié en une Unité singulière et individualisée qu'est le XXI.

Ce que la structure intrinsèque du Tarot nous apprend du Mat, c'est tout autre chose. C'est par exemple à quel point la décision de devenir un postulant à l'éveil proposé sur la voie du Tarot, implique une forme de marginalité. On ne peut en réalité comprendre cet Atout si particulier sans se souvenir de son rôle d'Excuse au sein du jeu de société qu'est aussi le Tarot : cette carte est considérée par les joueurs comme un Honneur, une carte de Cour donc. Le Mat n'a donc pas sa place au sein des Atouts qui ont chacun un rôle précis à jouer du fait de leur place au sein d'un Niveau et d'une Verticale. Le Mat est au contraire toujours d'ailleurs. C'est un outsider, un marginal, et en tant qu'Honneur, il incarne potentiellement la cinquième carte invisible des Cours : c'est le fou du roi. Bien que sa polyvalence lui donne les moyens de jouer tous les rôles, il ne s'identifiera jamais au rôle qu'il endosse. Il incarne cette liberté et cette indépendance que l'alchimiste Patrick Burensteinas affirme nécessaires à l'aspirant qui doit « s'affranchir de tout dogme, de toute culture, de tout pays » pour cheminer seul sur le chemin alchimique.

La lecture du Tarot par la kabbale, pour intéressante et stimulante et même nécessaire qu'elle soit dans le jeu de la confrontation entre des traditions spirituelles différentes s'éclairant mutuellement, n'est pas acceptable si l'on cherche à réduire l'une à l'autre, car elle tend à opérer des distorsions inacceptables de chacune des Traditions. Les convergences qu'on peut y voir sont le signe de la profondeur de ces deux systèmes de représentations spirituelles qui parlent l'un et l'autre de l'homme dans sa relation au monde, ainsi que dans sa relation au divin. Elles ont fini par se fondre l'une en l'autre, du fait du syncrétisme des occultistes français des XVIIIe et XIXe siècle, suivi de celui des Anglais de la fin du XIXe siècle et du début du XXe siècle, et cela au point qu'il est désormais presque impossible d'aborder la valeur kabbaliste des lettres hébraïques sans faire référence au Tarot, ou le Tarot, sans évoquer la lecture nombrée des lettres hébraïques proposée par les kabbalistes. Mais, elles restent des traditions différentes, avec chacune ses propres explications du réel, et ses propres systèmes d'interprétation.

La rota kabbaliste du Tarot

Dans *Dogme et rituel de haute magie* publié en 1854, Éliphas Lévi met en avant le fait que le mot « tarot » est l'anagramme des mots « tora » et « rota », le premier étant un mot hébraïque (thora ou torah) renvoyant aux enseignements divins transmis à Moïse, et le second un mot latin qui signifie « roue ». L'occultiste explique alors que l'ajout du « t » final dans le mot « tarot » est donné par les adeptes aux disciples comme un signe « pour indiquer le cercle et faire comprendre que le mot est retourné ». Et il conclut en affirmant que « toute la science magique consiste dans la connaissance de ce secret ». Voilà l'origine historique de cette représentation des Atouts du Tarot en une roue qui, pour Éliphas Lévi n'est autre que « la roue mystique d'Ézéchiel, le rota des cabalistes, [et] le Tarot des magistes et des bohémiens ».

Cette référence aux bohémiens qui deviendra centrale avec Gérard Encausse, un médecin français de la fin du XIXe siècle connu sous son nom ésotérique de Papus, fait jouer à ce peuple de migrants le rôle de passeur d'un savoir égyptien secret qui se serait transmis de génération en génération à travers le jeu de Tarot. Mais ce rôle n'est pas attesté par les historiens qui n'ont trouvé aucune trace de cette transmission.

Plus marquante est cette assimilation que fait Éliphas Lévi du Tarot à la Roue mystique d'Ézéchiel qui est une référence incontestable dans le Tarot par cet usage particulier que l'Atout XXI fait du Tétramorphe, et dont Le Livre prophétique, donne, au sein de la *Bible*, hébraïque la plus ancienne référence historique, même si nous soupçonnons une origine plus ancienne encore. Le cinq du quatrième mois, nous dit le texte, la cinquième année d'exil du roi Joakîn… Ézéchiel a eu une vision ; et celle-ci a marqué la culture occidentale qui se l'ait approprié de nombreuses manières. Notons au passage que les nombres cinq et quatre qui ont une grande importance pour le Tarot dans cette construction en cinq Verticales et quatre Niveaux d'Atouts et qui semblent déjà avoir un rôle particulier dans la vision d'Ézéchiel.

Dans cette vision, quatre êtres vivants sont placés au centre d'une nuée où un feu vermeil résiste au vent de la tempête, chacun de ces êtres est ailé et possède quatre faces : une face d'homme, une de taureau à gauche, une de lion à droite, et une d'aigle. Chacun va son chemin aux quatre directions, là « où l'esprit les pousse ». Sur la terre, une roue est enchâssée dans une autre roue, et accompagne chacun des vivants. Chacune des roues suit donc son vivant, possédée par le même esprit qui le pousse. Au firmament et au-dessus des vivants, il y a une pierre de saphir en forme de trône et au-dessus d'elle encore une forme à l'apparence humaine.

Nul doute qu'à sa manière, cette vision d'Ézéchiel a influencé le dessin de l'Atout XXI où la roue a cependant disparu, placée qu'elle est, dans la suite des Atouts, à la fin du second Niveau, le trône de saphir étant lui aussi remplacée au sein du Monde par une mandorle où se tient une femme dans une posture christique. Les quatre Vivants sont simplifiés dans le Tarot, qui suit la vision de l'Apocalypse de Jean sans cependant en respecter l'ordre : chacun des vivants incarne en effet un des visages qui, dans la vision d'Ézéchiel, appartient à tous. Et tandis que les Vivants d'Ézéchiel se meuvent aux quatre coins cardinaux, s'éloignant donc les uns des autres, ils restent stables dans l'Atout XXI, suivant un ordre particulier : alors que pour Jean vient en premier un lion, puis un taureau, un homme et un aigle, dans le Tarot, l'ordre démarre au Taureau qui précède le Lion, ce dernier étant suivi de l'Aigle qui lui-même est suivi de l'Ange, dans un mouvement qui nous est révélé par l'Atout X, La Roue de Fortune, mais qui, dans l'Atout XXI, n'a plus rien de perpétuel.

Dans *La Clé des grands mystères* (1861), Éliphas Lévi compare le Tarot à un jeu de l'oie, ce jeu étant à ses yeux « un tarot qui serait disposé en forme de roue à l'usage des aspirants à l'initiation ». C'est de cette référence, plus que de la kabbale véritable, qu'est née la seconde organisation du Tarot, rivale de la distribution en sept cartes, et qui place les Atouts en cercle. Cette organisation circulaire fait des Atouts une image de l'ouroboros alchimique, ce serpent temporel qui se mord la queue dont le symbole remonterait au XVIe siècle avant J.-C. et appartiendrait, primitivement, à la culture égyptienne.

Entourant la totalité du monde existant, le serpent qui se mord la queue symbolise le retour perpétuel de tout ce qui existe, dans une conception circulaire du temps qu'illustre par exemple la perpétuelle renaissance du jour, le cycle des saisons ou le mouvement orbital des planètes, mais aussi de manière plus générale, l'idée d'un temps qui détruit, avale, et digère, tout ce qu'il fait naître sans jamais s'arrêter.

Cette interprétation du Tarot en roue est problématique, d'abord parce qu'elle ne concerne que les Atouts ; or le Tarot, rappelons-le encore une fois est constitué aussi des cartes de Cour et des cartes Numérales et l'on ne peut accepter d'organisation que si elle concerne toutes les cartes. En liant, en outre, chaque Atout d'abord et avant tout à la carte qui suit et à celle qui la précède, cette présentation des Atouts en rota appauvrit considérablement l'interprétation symbolique, particulièrement au regard de la structure holistique née de la distribution de cinq en cinq cartes qui dévoile non seulement quatre Niveaux d'Atouts en correspondance harmonique avec les quatre Couleurs du Tarot, mais aussi des Verticales, des Complémentaires et des Harmoniques, ainsi qu'un voisinage, toutes ces relations réveillant la symbolique de chaque carte, appelant à une interprétation d'une richesse presque inépuisable.

Enfin, et peut-être surtout, la représentation cyclique du temps qu'incarne la Rota ne correspond pas aux notions de voies et de progression qui se trouvent pourtant en jeu dans le Tarot et dont le dernier Atout, dans son Nombre, son Nom et son Iconographie, marque la fin. La Rota du Tarot répète en effet perpétuellement les mêmes cycles, ramenant le dernier des Atouts au premier, et faisant en réalité de n'importe quel Atout à la fois le commencement et la fin de toutes choses. Il n'y a aucune évolution à espérer dans cette vision du perpétuel retour de toutes choses, propre à une cosmologie antique qu'on trouve par exemple chez les stoïciens qui, bien avant Nietzsche, ont affirmé leur foi en l'éternel Retour, foi qui vise à se satisfaire du réel tel qu'il est, et non à le transmuter, ce qui est au contraire le projet de la cosmologie christique et hermétique propre à l'humanisme de la Renaissance italienne.

Cette organisation en rota du Tarot est à l'opposé de l'espérance évangélique que réalise l'Atout XXI, dans l'évidente ressemblance de la Danseuse avec la posture d'un Jésus de Nazareth transfiguré, telle qu'on a pu la redécouvrir en 2016 sur la plaque de marbre qui scelle le tombeau du saint Sépulcre, à l'occasion de sa rénovation. Cette Danseuse nous dit tout autre chose que le perpétuel retour du même qu'on trouve dans la nature et ses saisons, mais aussi dans le mouvement orbital des planètes. Elle nous parle d'un but ultime de l'univers : la transfiguration d'une humanité une et entière et qui est promise à l'ère des Coupes, et par laquelle, le Ciel et la Terre pourront enfin se rejoindre dans la construction d'un Éden de la fin des temps.

Voilà pourquoi, il ne nous est difficile d'admettre cette organisation circulaire qu'est la rota du Tarot, comme semblable à la volonté du ou des créateurs du Tarot, et celle-ci nous semble tout aussi inadéquate à ouvrir le Livre du Tarot que la distribution gibelinienne du Tarot, sept cartes par sept.

Arcanes majeurs et Arcanes mineurs

Au XIXe siècle, le lien entre le Tarot des joueurs et le Tarot occulte se rompt définitivement, les joueurs européens préférant des jeux de Tarot qui présentent des scènes de la vie quotidienne en France, plutôt que ces étranges tableaux médiévaux qu'étaient à leurs yeux les Atouts d'un Tarot de Marseille qu'ils pensaient alors être un vieux relent du Moyen Âge. Il y a, alors, une séparation définitive entre le Tarot de Marseille qui continue de fasciner les occultistes, et les tarots des joueurs qui s'émancipent non seulement des figures originelles, mais aussi des règles en jeu dans la distribution des cartes.

C'est à ce moment que Paul Christian appliqua au Tarot de Marseille un terme alchimique en usage chez Paracelse et qui divisa le jeu en deux ensembles qui ne parviendront quasiment plus, sur le continent européen, à se relier l'un à l'autre : le mot « arcane » hiérarchisait les cartes en Arcanes majeurs et Arcanes mineurs. Non seulement disparaissait alors aux yeux des amateurs du Tarot la tripartition pourtant évidente du Tarot qui comporte essentiellement trois ensembles et non deux, ceux des Atouts, des cartes de Cour et des cartes numérales, mais le terme d'« arcane » mettait l'accent sur ce que le Tarot était devenu : une énigme insoluble. Ce terme emprunté à l'alchimie signifie en effet le « mystère » que seul l'initié est censé pouvoir percer. Mais comment percer ce mystère sans cette clé qu'est la distribution des cartes cinq par cinq ?

En organisant le Tarot en deux parties hiérarchisées, l'amateur apprenait en outre à mépriser les Arcanes dits « mineurs » et tendait ainsi à écarter le questionnement pourtant nécessaire sur le rôle particulier que jouent les Figures (ou cartes de Cour) dans le Tarot qui se veut le reflet microcosmique du monde macrocosmique : les êtres humains que représentent les cartes de Cour ont été placés par les créateurs du Tarot au milieu, entre ce Ciel du Tarot que sont les Atouts et la Terre du Tarot que sont les cartes numérales. En tant que centre du Tarot, ils sont le reflet de la Danseuse qui est au centre du Monde. Comme elle qui est chargée de les représenter, les Honneurs ont pour fonction de relier la Terre au Ciel.

Ce terme d'« arcane » gomme en outre le caractère éminemment positif des Atouts qui, ne l'oublions pas, sont au départ des Triomphes, c'est-à-dire des cartes qui permettent d'emporter le jeu. À l'intérieur des pratiques ludiques auxquelles appartient le Tarot, les Atouts avaient pour rôle de permettre la victoire. Dans le Tarot, ils sont les moyens que détient l'amateur pour atteindre la réalisation ultime de son humanité. Même difficiles à vivre comme le sont les Atouts du troisième Niveau (de La Force au Diable), tous les Atouts restent des atouts au sens courant du terme : ils sont ce qui avantage radicalement le joueur, en lui permettant de triompher des obstacles et d'atteindre son but : l'Atout XXI.

À plusieurs reprises, nous avons pu lire, aussi, cette injonction faite au débutant, de ne pas parler de « cartes » du Tarot, terme « trop vulgaire », mais d'« Arcanes » et de « Lames »… Le terme de « lame » n'est pourtant pas plus adapté que le terme d'« arcane », car il renvoie à la notion de « coupe » qui vient en réalité de la cartomancie dont nous avons vu qu'elle précède, historiquement, la taromancie. Est-il si adapté que cela à la tarologie qui se voulait une transmission initiatique propre à la Renaissance ? Parler de « lames » du

Tarot c'est d'emblée se placer dans une optique divinatoire, ce qui n'est pas le premier ni le plus important usage du Tarot qui a un but édificateur, à l'intérieur de la tradition spirituelle qu'est l'hermétisme, et propre à cette culture particulière de l'histoire occidentale qu'est celle des humanistes de la Renaissance.

Le terme de « carte » si dédaigné de nos jours en ce qui concerne le Tarot a plusieurs avantages. D'abord, il rappelle que le Tarot est, depuis le début, un jeu de société dont tout chercheur de sens doit interroger les règles afin de voir s'il ne s'y trouve pas quelque clef de compréhension qui permettrait d'ouvrir le Livre du Tarot et qui aurait été transmise à cette fin par son ou ses créateurs. Rappeler que le Tarot est un jeu, et un jeu de société, permet en outre de dégonfler la relation souvent quelque peu démesurée que les tarologues veulent avoir avec lui. Ce Livre qu'est le Tarot a beaucoup de choses à dire sur l'humanité et sur le rôle exceptionnel qu'elle est destinée à jouer au sein de la Création divine, mais ce rôle doit rester léger, presque aussi léger qu'un jeu où la sociabilité, pour être centrale, reste dans une posture ludique. N'oublions pas en effet que dans l'Atout ultime du Tarot, Le Monde, l'humanité est représentée par la Danseuse qui transforme le mouvement en grâce, ce qui implique un sens aigu de la légèreté. Le Tarot est un jeu sérieux, mais un jeu malgré tout. La pierre doit s'y faire plume, tel est l'un des enseignements du Tarot où, à partir de l'Atout XVI, toute construction théorique, y compris donc celle du Tarot, s'ouvre et se libère d'elle-même et de sa pesanteur.

Aucune des organisations nées à partir du XVIIIe siècle, et des interprétations de Court de Gébelin, d'Éliphas Lévi et de Paul Christian ne nous ont donc satisfaits, d'abord parce qu'elles viennent d'autres traditions, parfois plus fantasmées que connues, au sein des interprétations occultes du Tarot qui se sont égrainées tout au long des XVIIIe, XIXe et XXe siècles.

Si, au lieu de les suivre, et par une décision intérieure,

on met de côté toutes ces grilles de lecture pour regarder le Tarot en lui-même et pour lui-même, on trouve des indices clairs du type de distribution qu'il faut faire des cartes pour que s'ouvre le Livre qu'il contient. C'est une distribution cinq par cinq cartes auxquels mènent les indices laissés par le ou les créateur(s) du Tarot. Cette distribution fait surgir une organisation holistique qui révèle le trésor qu'est chaque carte, portée alors par une richesse insoupçonnée.

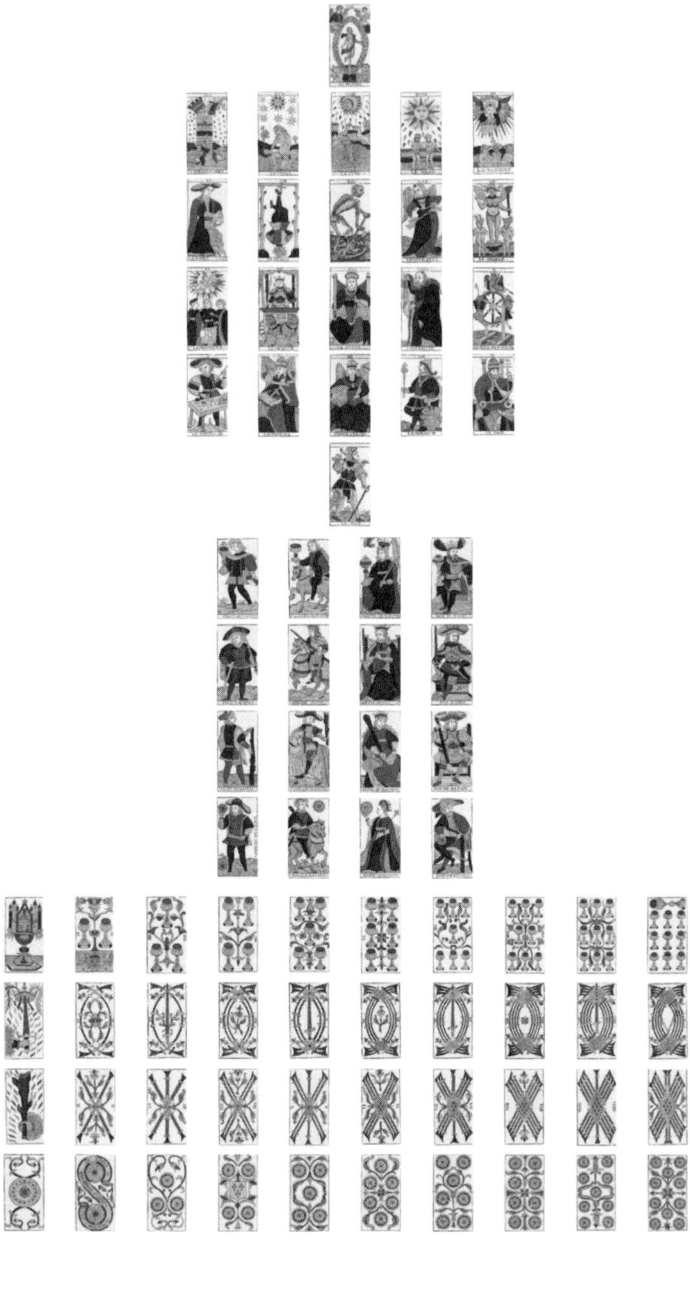

II
LA DISTRIBUTION DES CARTES CINQ PAR CINQ

L'ORGANISATION TRIPARTITE

L'organisation qui s'impose à l'œil, dès lors qu'on cesse de projeter sur le Tarot ce qui vient d'ailleurs, c'est une organisation tripartite. Il y a en effet trois types de cartes dans le Tarot : les cartes numérales, les cartes de Cour, et enfin les Atouts.

Cette organisation a une signification hermétique évidente. Si Hermès, ce dieu Thot égyptien accueilli par les Grecs de l'Antiquité tardive, s'appelle « trismégiste », le trois fois grand, c'est parce qu'il est, affirme la Table d'Émeraude, détenteur « des trois parties de la philosophie » qui portent chacune sur une partie de cette totalité une qu'est le monde. Il est en effet constitué de trois éléments : l'esprit, la matière et l'humanité, et c'est cette dernière qui fait un pont entre l'esprit et la matière. L'esprit est représenté dans le Tarot par les Atouts, la matière et la multiplicité de ses formes par les Nombres, et l'humanité par les Figures des quatre Cours. Comme le Tarot ambitionne d'être la réplique ludique, iconographique, chiffrée et hermétique de cette trilogie philosophique, celle-ci se devait en effet d'apparaître clairement en lui, ce qu'elle fait, à travers trois types de cartes.

Les Atouts représentent les Idées éternelles, archétypales qui, venues du Ciel, informent la matière qui s'exprime dans les Nombres. Au sein des Nombres, la réalité matérielle renvoie aux choses, mais aussi aux événements de la vie, et elle se subdivise en quatre parties : les expressions concrètes et le travail qui les fait exister (les Deniers), les manifestations économiques, sociales et politiques de la vie humaine (les Bâtons), les mises à l'épreuve et les compréhensions intellectuelles qui en découlent (les Épées), et enfin les expressions affectives, artistiques et spirituelles de la vie (les Coupes). Or, telles que ces choses et évènements existent spontanément, ils ne sont que de manière très infidèle aux archétypes intelligibles éternels dont Platon a révélé l'existence. Une certaine brisure des vases dirait la kabbale empêche la parfaite adéquation entre le Ciel et la Terre. D'où le rôle de l'humanité qui consiste à parfaire cette adéquation.

Les cartes de Cours sont en effet placées au centre du Tarot, comme le sont les pointes centrales des Nombres X (dix) où deux V (cinq) représentent des sortes de cornets, qui se rejoignent, l'un ouvert vers le Ciel, l'autre vers la Terre. Dans cette croix de Saint-André que le X (dix) forme, la pointe permet aux deux vasques de communiquer, afin que les énergies célestes et terrestres se déversent l'une dans l'autre. Telle est la mission éternelle de l'humanité aux yeux de l'hermétisme : elle doit transvaser l'eau du Ciel dans celle de la Terre et vice-versa. Et c'est pourquoi, sa place dans le Tarot est au centre, entre les Atouts et les Nombres, sous forme de Figures des quatre Cours.

L'humanité a, en effet, pour rôle selon la philosophie hermétique, de faire en sorte que l'esprit devienne aussi concret que la matière et la matière aussi spiritualisée que l'esprit. Tel est le sens de toute créativité humaine. Être créatif, c'est transformer le matériel pour en faire le vase de l'esprit, et c'est transformer l'esprit de telle manière qu'il puisse prendre une forme concrète. Cela commence, pour chaque adepte, en son être même, puis en toutes les manifestations de cet être de façon à obtenir que son comportement et ses actions soient en tout point des créations, c'est-à-dire des réponses inédites aux stimuli de l'environnement et aux sollicitations de la vie, inédites, car indéterminées, non programmées, résistantes de ce fait aux mouvements mécaniques venant des habitudes et des conditionnements acquis dans le passé ainsi que des héritages transgénérationnels, enracinées qu'elles sont, non dans le mécanique et l'automatique, mais dans la conscience qui comprend, le cœur qui aime, le libre arbitre qui choisit, et la volonté qui décide et se tient à sa décision.

La réponse spirituelle inédite, c'est par exemple, le pardon quand tout en soi appelle mécaniquement à la vengeance. C'est l'amour du prochain enseigné par Jésus de Nazareth qui, seul, peut créer de nouvelles réponses face aux stimuli du monde, nouvelles réponses qui, en se répétant, produiront de nouvelles habitudes, ainsi que de nouvelles chaînes causales, nées d'un amour qui se décide au lieu d'une réactivité qui se subit, et qui, peu à peu, transforme tout l'entourage de celui qui agit de manière créative, mû qu'il est par cette liberté qui est en lui et qui choisit en toute conscience la bonté.

Au sein des Atouts, après le pouvoir que possède Tempérance de mêler les Eaux du Ciel à celles de la Terre, c'est L'Étoile qui manifeste l'aptitude humaine à recevoir les émanations du ciel pour les déverser dans l'eau et la terre du Monde, faisant de ce monde matériel et naturel qu'est au commencement la Création, un monde spiritualisé, réalisant de ce fait la bonne nouvelle annoncée par Jésus de Nazareth : l'advenue du Royaume de Dieu sur Terre que représente l'Atout XX, Le Jugement.

Ce rôle, si particulier, qui est dévolu de toute éternité à

l'humanité, ne pourrait cependant être accompli sans la conscience qu'il existe une correspondance intime entre le Ciel et la Terre, conscience forte dans l'Antiquité, et qui renaît à la Renaissance, sous la forme de l'hermétisme et sous l'influence de la philosophie antique retrouvée. C'est par la saisie de la ressemblance signifiante, que l'être humain devient apte à faire les miracles d'une seule chose, c'est-à-dire apte à transformer le divers matériel et l'unité céleste en une unité tout aussi concrète que spirituelle.

Reste cependant à découvrir où se situe cette ressemblance dans le Tarot, que l'hermétisme affirme entre le Ciel et la Terre, et qui doit bien lier les Atouts et les cartes numérales. Cette ressemblance est en réalité d'abord celle qui existe entre les archétypes en jeu dans les Atouts et les Figures des quatre Cours, car ce sont ces dernières qui font le lien, et ce lien est très net : les quatre Honneurs sont le reflet de la plupart des Atouts des deux premiers Niveaux, tandis qu'ils portent les mêmes Couleurs que les cartes Numérales, ces quatre Couleurs étant le reflet numéral des quatre Niveaux des Atouts. Mais pour rendre très visible ce rôle central et médiateur des cartes de Cour, tout comme toutes les ressemblances entre le Ciel et la Terre du Tarot, il faut d'abord distribuer les cartes du Tarot cinq par cinq, c'est-à-dire se souvenir de la distribution historique telle qu'elle a longtemps existé entre les joueurs, et l'imiter.

La distribution des cartes entre les joueurs historiques

Bien que cette distribution cinq par cinq cartes soit la clé qui permette d'ouvrir le Livre hermétique du Tarot, elle n'a été rendue inaccessible au public durant les siècles qui ont suivi la découverte par Court de Gébelin du fait des couches de grilles de lectures inadéquates propres aux occultistes qui se sont succédé et qui se sont emparées du Tarot.

Mais il suffit à toute personne qui cherche des indices pouvant la conduire à retrouver l'authentique organisation du Tarot d'un tout petit travail de recherche historienne, sur les règles de distribution en œuvre chez les joueurs aux siècles passés, pour découvrir cette distribution des cartes cinq par cinq. De cette ancienne distribution, on trouve en effet trace dans les écrits datant de 1637 de l'abbé Michel de Marolles qui représentent les plus anciens textes qu'on possède des règles du jeu de Tarot. À la fin XVIIIe siècle Court de Gébelin en fait lui-même témoignage, affirmant dans *Le Monde primitif*, qu'« on donne les cartes par cinq, ou de cinq en cinq ».

Cette distribution transposée du monde des joueurs dans la recherche d'une organisation holistique initiatique est pratique pour les cartes numérales qui sont au nombre de dix, ce nombre étant un multiple de cinq, mais semble cependant inadéquate tant en ce qui concerne les Cours et que pour les Atouts. Les Cours du Tarot sont en effet composées de quatre personnages et non de cinq : le Valet, le Cavalier, la Reine et le Roi. À moins d'imaginer une cinquième carte originelle et perdue, il semble impossible de distribuer les Cours cinq par cinq cartes. Et, en ce qui concerne les Atouts, puisque c'est le nombre vingt-deux qui est en jeu, nombre qui n'est pas divisible par cinq, il semble tout aussi impossible de disposer de manière adéquate une suite d'Atouts par une distribution cinq par cinq cartes. Il ne faut dès lors pas s'étonner que l'organisation holistique du Tarot qui dépend de cette distribution des cartes cinq par cinq soit restée inaccessible au public jusqu'à nos jours, supplantée par la distribution gébelinne.

Mais, si l'on admet – ce que tous les tenants de la distribution gébelinne des Atouts en trois ensembles de sept cartes font – que Le Mat est en dehors de la structure des Atouts, il n'y a aucune raison pour laisser Le Monde au sein de cette distribution. Le Monde en effet est le contraire du Mat ; il est son Atout complémentaire parce que le zéro auquel on ajoute le nombre vingt et un du Monde est égale à vingt et un. Du Mat au Monde se joue en effet la totalité du chemin au sein des Atouts. Leur iconographie nous invite en outre à saisir ces deux Atouts comme des complémentaires : Le Mat représente le tohu-bohu initial, sorte de soubassement chaotique d'avant la Création quand Le Monde en est l'expression unifiée et organisée autour d'une individualité christique. Le Mat est ainsi l'expression de la confusion la plus totale, et cela jusqu'à la folie, mais aussi de l'énergie puissante sous-jacente encore à tout commencement, quand Le Monde est au-delà de la fin des temps représentée par Le Jugement, quand tous les êtres qui étaient restés insuffisamment vivants se réveillent comme fils et filles de la Terre et du Ciel.

Si l'on admet que Le Mat et Le Monde sont à part, en tant que soubassement et contenant de toute structure, alors nous tombons sur le chiffre vingt qui est divisible par cinq. Vingt Atouts répartis en quatre groupes de cinq ouvrent alors le Livre du Tarot, dévoilant la ressemblance entre les Figures des Cours et la majeure partie des Atouts des deux premiers Niveaux, permettant aussi, par ressemblance harmonique, de comprendre le sens des cartes numérales, car les quatre Couleurs font échos aux quatre Niveaux des Atouts.

Les indices de la distribution initiale

On le sait, l'hermétisme et l'alchimie laissent, au sein des œuvres produites par les Adeptes, des traces des chemins, règles et vérités que le disciple doit trouver, mais qu'il ne peut décrypter que par une longue pratique des œuvres qui, seule, permet de déjouer les fausses pistes destinées à décourager les simples curieux. Ces fausses pistes, nous les avons rencontrées : les Cours à quatre Figures, les Atouts au nombre de vingt-deux. Aussi ne doit-on pas s'étonner que cette distribution de cinq en cinq cartes qui ouvre le Livre du Tarot ne soit pas simplement évidente à celui qui débute sur ce chemin que le Tarot propose. Il lui faut s'imprégner de ce qu'il a devant les yeux, par une fréquentation quasi obsédante, pour que finalement les traces laissées par les créateurs du Tarot révèlent leur sens. Mais ces traces elles-mêmes sont toujours très visibles, par l'irrégularité de leur manifestation et la rupture qu'elles engagent avec les formes habituelles, représentant une énigme qu'il s'agit de résoudre et qui met l'apprenti sur la voie.

L'une des traces de cette distribution en cinq cartes qui ouvre le Livre du Tarot réside dans l'écriture du nom des Atouts où des « u » sont transformés en « v », soit totalement comme dans les plus anciennes factures historiques du Tarot de Marseille, celles de Jean Dodal et celles de Jean Noblet par exemple, soit partiellement, comme dans le Tarot de Nicolas Conver. Dans ce dernier Tarot, L'Amoureux s'écrit L'AMOUREVX, La Roue de Fortune LA ROVE DE FORTVNE, et La Maison Dieu LA MAISON DIEV, tandis que LE BATELEUR, L'EMPEREUR, LA JUSTICE, LE PENDU, LA LUNE ET LE JUGEMENT qui comportent des « u » gardent la graphie usuelle. À ne pas en douter, les cartier avertissaient les amateurs de l'importance du nombre « V » (le cinq en écriture romaine).

La place des Atouts concernés par la substitution du « u » par le « v » au sein du Tarot Conver n'est pas indifférente dès qu'on procède à une distribution cinq par cinq cartes du Tarot Conver : elle se situe au commencement d'une nouvelle distribution (pour Le Bateleur et La Maison Dieu) ou à la fin de celle-ci (pour La Roue de Fortune). On peut donc imaginer que le cartier qui a placé ces « V » dans la graphie des noms des Atouts faire ainsi un rappel, auprès des aspirants tarologues, de la règle de distribution qui a longtemps été transmise par les joueurs, et qu'ils ont perdue depuis : en arrivant à la carte de L'Amoureux, cette singulière et apparemment capricieuse graphie rappelait à l'Aspirant qu'il s'agissait désormais de penser à changer de Niveau. À la fin du deuxième Niveau de Tarot, La Roue de Fortune a pour Nombre un dix écrit sous forme romaine : « X », c'est-à-dire avec deux V se rejoignant à leur pointe. Ce sont sans doute ces deux « V », symboles chacun d'un Niveau, qui sont rappelés dans la carte par la substitution dans le nom de deux « U » par les deux « V » rejoints du « X ».

Enfin, puisque la dernière distribution des Atouts a lieu avec La Maison Dieu, une dernière écriture du « U » en « V », marque la fin de la distribution, outre le fait que le nom de Dieu incite certainement, en lui-même, à cette substitution, la forme du « V » étant un triangle ouvert vers le haut, avec une pointe dirigée vers le bas, symbolisant la diffusion, dans la matière, de la Volonté divine, ce qui, au stade de L'Atout XVI, correspond à l'iconographie, mais aussi au nom de l'Atout : « La Maison Dieu », ainsi qu'à cette place particulière que cet Atout occupe dans l'organisation holistique du Tarot en tant que premier des cinq Atouts cosmiques. La pierre, symbole de la matière la plus lourde y est en effet en apesanteur dans l'Atout XVI, elle se fait rosée spirituelle multicolore et plume, tandis que la Tour, enfin, ouverte au Ciel peut en recevoir les émanations qui se répandent d'Atout en Atout, jusque et y compris au Jugement, l'Atout XX.

Ce qui est en haut est comme ce qui est en bas

Si la distribution des Atouts cinq cartes par cinq est pertinente, elle doit permettre de faire de cet ensemble harmonieux de quatre Niveaux d'Atouts qu'encadrent Le Mat et Le Monde, un miroir harmonique qui entre en résonance tant avec les cartes de Cour qu'avec les cartes numérales, permettant de ce fait une représentation du réel proprement hermétique, réalisant aussi la base du Grand Œuvre alchimique selon les indications de la Table d'Émeraude :

Ce qui est en bas, est comme ce qui est en haut ; et ce qui est en haut est comme ce qui est en bas, pour faire les miracles d'une seule chose. Et comme toutes les choses ont été, et sont venues d'un, par la médiation d'un : ainsi toutes les choses ont été nées de cette chose unique, par adaptation. Le soleil en est le père, la lune est sa mère, le vent l'a porté dans son ventre ; la Terre est sa nourrice. Le père de tout le Telesme du monde entier est ici. Sa force ou puissance est entière, si elle est convertie en terre. Tu sépareras la terre du feu, le subtil de l'épais doucement, avec grande industrie. Il monte de la terre au ciel, et derechef il descend en terre, et il reçoit la force des choses supérieures et inférieures. Tu auras par ce moyen la gloire de tout le monde ; et pour cela toute obscurité s'enfuira de toi. C'est la force forte de toute force : car elle vaincra toute chose subtile, et pénétrera toute chose solide. Ainsi le monde a été créé. De ceci seront et sortiront d'admirables adaptations, desquelles le moyen en est ici.

Ce texte référentiel de l'hermétisme est évidemment quelque peu obscur, car il était destiné à n'être compris que des initiés, mais il diffuse quelques idées directrices accessibles à tout le monde et qui doivent nous guider dans l'appréhension et la compréhension du Tarot en tant que jeu organisé, né à la Renaissance d'une tradition secrète : l'hermétisme, mais lue à travers la culture humaniste de l'époque, à la fois philosophique et évangélique.

Or, la distribution cinq par cinq cartes incarne bien ces reflets mutuels du Ciel et de la Terre au sein du Tarot qui est l'idée majeure de l'hermétisme. D'une part, les cartes numérales qui sont très clairement organisées en quatre Couleurs ou Enseignes – Denier, Bâton, Épée, et Coupe – entrent en résonance avec les quatre Niveaux des Atouts, tout comme avec les quatre personnages qui entourent la Danseuse du Monde. Car il est évident que cette distribution en quatre Niveaux des Atouts, ainsi que les quatre Couleurs doivent avoir une ressemblance avec l'iconographie du Monde, cet Atout final qui contient en lui, comme son nom l'indique et comme son nombre le révèle, la totalité du Tarot.

Et même si cette harmonie entre le haut et le bas est particulièrement visible quand on rapproche les Cours du Tarot des deux premiers Niveaux des Atouts, quoique ce rapprochement laisse une place vide : la cinquième place, il nous faut saisir d'abord la signification symbolique qui ressort de ce rapprochement entre les Atouts et les Couleurs ainsi qu'entre ces deux types de cartes et les quatre personnages aux coins du Monde, car se trouve là, une des plus importantes des manifestations de ce jeu de miroir qui se lit, dans le Tarot, entre le Ciel et la Terre.

Les Niveaux, Couleurs et Personnages aux coins du Monde

La première distribution des Atouts de cinq en cinq cartes donne un premier Niveau constitué du Bateleur, de La Papesse, de L'Impératrice, de L'empereur et du Pape. Ce Niveau qui donne corps aux archétypes de la famille humaine est en relation harmonique avec les Deniers, symbole de la matière et de ses expressions concrètes acquises du passé, par héritage, par décision ancienne et actions répétitives, ces dernières étant devenues des habitudes. Cette couleur est elle-même en lien avec l'élément féminin Terre, ainsi qu'avec La Vache ou le Taureau qui se trouve en bas à gauche de l'Atout XXI.

Le deuxième Niveau II des Atouts constitué de L'Amoureux, du Chariot, de La Justice, de L'Hermite et de la

Roue de Fortune est en relation harmonique avec les Bâtons, symbole de l'énergie, du courage, de la domination et de l'engagement au sein de la société et de l'État. Cette Couleur de Bâton est elle-même en relation harmonique avec l'élément masculin Feu, tout comme avec le Lion, en bas à droite de l'Atout XXI.

Le troisième Niveau Des Atouts constitués de La Force, du Pendu, de l'Atout XIII, de Tempérance et du Diable est en relation harmonique avec les Épées, symbole de l'intelligence et de la conscience mais aussi des épreuves, tout comme cette Couleur est en lien avec l'élément masculin Air, ainsi qu'avec l'Aigle, en haut à droite de l'Atout XXI.

Le quatrième Niveau des Atouts constitués de La Maison Dieu, de L'Étoile, de La Lune, du Soleil, et du Jugement est en relation harmonique avec les Coupes, symbole de l'intuition et de l'inspiration artistique, mais aussi de la spiritualité et de la médiumnité, en lien avec l'élément féminin Eau, ainsi qu'avec l'Ange en haut à gauche de l'Atout XXI.

Ange, Coupes et Atouts cosmiques

Avant d'étudier plus précisément ces Niveaux, ce qui mettra en évidence la correspondance qui se joue, dans le Tarot, entre son Ciel et sa Terre, tournons-nous vers le quatrième Niveau qui emporte la conviction qu'il est en lien avec la Couleur de Coupe, tout comme avec l'ange en haut à gauche de l'Atout XXI, et cela au premier coup d'œil dès lors qu'on étale le Tarot à partir d'une distribution des cartes cinq par cinq.

Les Coupes qui sont traditionnellement reliées au Graal destiné à conserver le sang du Christ sont tout naturellement en relation harmonique avec l'angélique qui s'exprime en haut à gauche de l'Atout XXI. Elles semblent d'autre part destinées à recueillir quelque chose qui vient du Ciel, et dès lors de manière assez évidente ces émanations célestes et cosmiques qui dégouttent des Atouts du quatrième Niveau auquel on peut, de ce fait, donner le nom de « cosmique ». Dans tous ces Atouts cosmiques, des émanations célestes sous forme de gouttes de lumières, de rosées ou de chants astraux et angéliques ont, de leur côté, vocation à être recueillies par les Coupes des Nombres et des cartes de Cour.

La Maison Dieu met ainsi en jeu la rosée spirituelle, cette eau née de la vapeur terrestre nocturne et qui, à l'aube, est traversée de lumière ; L'Étoile, de son côté, répand le chant des sphères recueilli par la jeune Vierge agenouillée dans une vasque qu'elle distribue à l'eau et au sol terrestres ; La Lune et Le Soleil dégouttent de leur lumière propre et multicolore et, dans Le Jugement, la musique céleste se déploie en gouttes d'une lumière clairement visible, par exemple, dans le Tarot de Jean Noblet.

Aucun Tarot ancien n'est cependant plus clair dans cette expression des Atouts cosmiques que le Tarot de Jacques Viéville, un tarot à l'iconographie qui, bien que ou parce que très libre, fait apparaître cette symbolique des Atouts cosmiques telle qu'elle se donne à voir dans l'organisation holistique née d'une distribution des cartes cinq par cinq. Les infidélités que ce cartier commet dans des Atouts précédents où il procède à d'étranges et inadéquates inversions nous conduit à penser qu'il ne bénéficia cependant pas d'un enseignement secret qui se serait transmis de cartier en cartier en France au cours des XVIe, XVIIe et XVIIIe siècles et dont, de toute manière, l'histoire n'a rien conservé. Le Maître cartier du XVIIe siècle avait cependant compris le rôle du quatrième Niveau des Atouts et sans doute voulu aider les aspirants tarologues à mieux en saisir le sens par une représentation explicitant certains de ses messages.

Dans l'Atout XVI, par exemple, au lieu d'une Tour ouverte sur le haut par un éclair de plume, et de personnages en posture inversée au milieu de gouttes de rosées ou de pierres en lévitation qui renvoient au dépassement de toute structure mentale et idéologique qu'accompagne le renversement des perspectives en une humanité enracinée dans le Ciel, nous voyons un berger sous un arbre qui reçoit une rosée multicolore d'une nuée mystique que féconde le soleil. Cette représentation relève d'une expérience mystique authentique comme le révèle la proximité de l'image avec l'aventure qu'ont connue ceux qui étaient présents à Fatima, le 13 août 1917, en l'absence pourtant des bergers voyants.

Maria Carreira en fit le récit au père de Marchi : après qu'un coup de tonnerre éclata, la foule qui s'était rassemblée sous le chêne vert où avaient lieu les apparitions commence à s'éloigner, effrayée. Mais un petit nuage blanc « très joli » et « très léger » plana sur le chêne avant de s'envoler et de disparaître. Alors, toutes les couleurs de l'arc-en-ciel ont semblé se répandre en toutes choses et faire scintiller tout ce qui existe, donnant l'impression que les arbres se remplissaient de fleurs, et que les vêtements devenaient multicolores. Cette étrange et mystique colorisation du monde accompagnait, au demeurant et selon les témoignages, les autres apparitions à Fatima, le treize de chaque mois.

Dans le Viéville, nous avons presque tous les éléments qui composent cette expérience racontée par Maria Carreira : le chêne vert, le petit nuage sur le chêne, la foudre par le nom que porte cet Atout XV et qui se trouvait, non sur la carte, mais dans une étrange inscription partagée entre le deux de Coupes et l'As de Denier, et enfin la multicoloration de la rosée qui se répand dans cet Atout.

Ce qu'il y a en plus, dans la carte Viéville, et que n'ont pas vécu ceux qui étaient à Fatima le 13 août 1917, c'est la présence du berger, les petits voyants, des enfants bergers, étant absents précisément ce jour-là aux rendez-vous mensuels donnés par les apparitions. Or, selon Georges Romey qui met à jour une symbolique universelle par l'étude des rêves éveillés libres, produits par ses patients, au sein d'une thérapie dont il est l'inventeur, le symbole du Berger intervient dans les rêves en tant que figure particulière, et jeune, du vieux sage. Cette figure de l'imaginaire onirique incarne la simplicité d'un esprit capable de guider les autres sur un chemin imprévu et sans frontière. Il invite toujours à un retour aux valeurs simples et fondamentales tout comme il a vocation à la réunion des contraires. Quand ce personnage intervient dans les rêves, il libère le rêveur de toute compétition acharnée ainsi que du désir de maîtrise par la performance. Le berger est, selon G. Romey, celui « qui connaît tout et ne possède rien » et a pour voie l'authenticité. Il est, de ce fait, explique encore explicitement l'auteur du *Dictionnaire de la symbolique*, le contraire de la Tour qui symbolise « la longue édification du système de défense du moi » dans ce quatre au carré qu'elle représente en tant que Nombre seize et qui se veut d'une solidité à toute épreuve, mais qui finirait par exprimer la plus puissante des rigidités et des fermetures idéologiques si le Tarot n'ouvrait pas sa toiture royale.

La tour du Tarot de Marseille, dans sa représentation classique en cet Atout XVI, s'ouvre et s'allège, alliant la pierre à la plume, devenant alors l'expression de cette rosée spirituelle multicolore qui, seule, peut être traversée de la Lumière cosmique des autres Atouts de ce quatrième Niveau qui dégouttent de leurs émanations lumineuses, produisant l'Eau spirituelle dont le monde a soif et que L'Étoile sait recueillir et répandre sur le monde. Le Berger du Viéville exprime la même idée, mais avec une iconographie différente. Avec l'Atout XVI, guidé ou non par le berger Viéville, le disciple se libère des idéologies, y compris et surtout religieuses, et s'ouvre aux émanations célestes qui se répandent sur lui ainsi que dans les Atouts cosmiques suivants : L'Étoile, La Lune, Le Soleil et le Jugement.

L'élément Eau du Tarot qui est représenté par l'ange sur l'Atout XXI est en effet une eau mystique, une eau de lumière et de musique céleste que répandent les Atouts cosmiques du quatrième Niveau, et non l'eau de la terre, sentimentale et émotionnelle propres aussi aux cartes de Coupes. C'est l'ambivalence du symbole qu'est l'Eau qu'expriment alors les Coupes du Tarot, dans cette Couleur la plus élevée, et où se trouvent symbolisés aussi bien les émotions et sentiments terrestres que ce qu'il y a de plus spirituel et de plus inspiré dans la vie des êtres humains. Au sein des cartes numérales, cette Couleur est celle de la rencontre amoureuse, de l'amour maternel ou paternel, mais aussi de l'amour déçu, de l'amour blessé, de l'amour finissant, et encore et peut-être surtout de l'amour sacrificiel et christique.

Une fois acquise la certitude du lien entre les Coupes, le quatrième Niveau du Tarot où le Ciel répand ses lumières liquides vers la Terre et l'Ange de l'Atout XXI, il n'est pas compliqué de comprendre quelle symbolique accompagne les trois autres Niveaux des Atouts aux autres Couleurs.

L'énigme des quatre figures de Cour

Un des indices de la bonne distribution des cartes du Tarot nous est donné dans l'essentiel Atout XXI qui porte le nom « Le Monde ». Dans cette carte qui résume tout le Tarot, est inscrite la distribution des cartes de cinq en cinq par le fait qu'il y a cinq et non sept personnages dessinés. Car c'est le nombre cinq qui porte l'essentielle symbolique de la Renaissance, symbolique humaniste avant tout, et non le sept.

À chaque coin de la carte, sont rappelés à la fois les quatre Couleurs des Nombres et des Honneurs, et les Niveaux des Atouts. Et au centre, le cinquième élément, central, est incarné par la Danseuse qui renvoie aux Figures des quatre Cours qui sont aussi au centre du Tarot, placés qu'ils sont entre les Atouts et les Nombres.

Cette Danseuse reprend la posture du Christ transfiguré qui scellait, secrètement depuis le XVIe siècle, le tombeau au sein du Saint Sépulcre. Elle est le cinquième élément de la carte, rappelant comme nous allons le voir dans le chapitre IV, le rôle quintessentiel que doit jouer l'humanité au sein du monde. C'est cette humanité de chair, mais aussi d'esprit qui est chargée de toute éternité, selon l'hermétisme, de faire le pont entre le Ciel et la Terre, afin que s'accomplisse la destinée du monde : devenir un Éden, un jardin divin et terrestre à la fois, qui n'a jamais été au commencement des temps, mais qui représente la promesse évangélique pour la fin des temps.

Reste entière cependant cette énigme que représente le nombre des figures des Cours du Tarot : pourquoi les concepteurs du Tarot n'ont-ils pas adjoint aux anciens Naibi deux personnages, au lieu d'un seulement ? Le tarot en effet a rajouté une reine aux valets, cavaliers et rois qui existaient déjà, en Italie, dans les suites de Couleurs des jeux de cartes à points. Si au lieu d'adjoindre seulement la reine, les créateurs du Tarot avaient terminé les Cours par une cinquième figure, la distribution cinq cartes par cinq aurait été bien plus évidente, tout comme la corrélation entre la majorité des Atouts des deux premiers Niveaux et les figures des Cours aurait sauté aux yeux de quiconque.

Mais cette évidence aurait probablement nui à la préservation du Tarot dont le message est parvenu jusqu'à nous, malgré sa naissance à une époque où sévissait déjà l'Inquisition de Rome et où les femmes de savoir et de pouvoir qu'étaient les bien nommées « sages-femmes », herboristes, et magiciennes, commençaient à être arrêtées, torturées et brûlées vives sous l'accusation de sorcellerie. Le message christique qui est transmis dans le Tarot s'était, en effet, émancipé de la vulgate et des préjugés de Rome, chez les humanistes de la Renaissance qui ont créé le Tarot, qui n'étaient pas non plus encore enfermés dans les préjugés religieux propres aux protestants de la Réforme tout comme ensuite aux catholiques de la Contre-Réforme, puis dans ceux du rationalisme qui allait vaincre à la fois toute religiosité et toute idée d'une magie efficiente. Le Tarot qui reconnaît aux femmes un rôle essentiel a rendu peu accessible, à dessein, la structure qui permet de voir cette reconnaissance. Il fut redécouvert, dans son importance symbolique, par le bienheureux siècle des Lumières, en France, où l'oppression religieuse avait perdu de son pouvoir. Mais, alors, ce qui l'avait protégé l'a aussi rendu plus obscur.

Ce n'est pas, en effet le nombre Sept qui est le nombre clé du Tarot et sur lequel doit se faire la distribution des cartes, contrairement à ce qu'a cru Gébelin, mais le Cinq, comme c'était le cas encore à son époque, dans la distribution entre joueurs, et cela en accord aussi avec la philosophie de la Renaissance où le quine fonde les expressions concrètes du nombre d'or que sont les Temples sacrés antiques et les cathédrales médiévales et qui affirmait un lien numérique essentiel entre les mesures des architectes et le corps humain, faisant aussi jouer à l'invisible quintessence, le rôle d'unifier les différents éléments dans l'organisation d'un jeu qui prétendait être le reflet même de la Création divine et son prolongement spirituel.

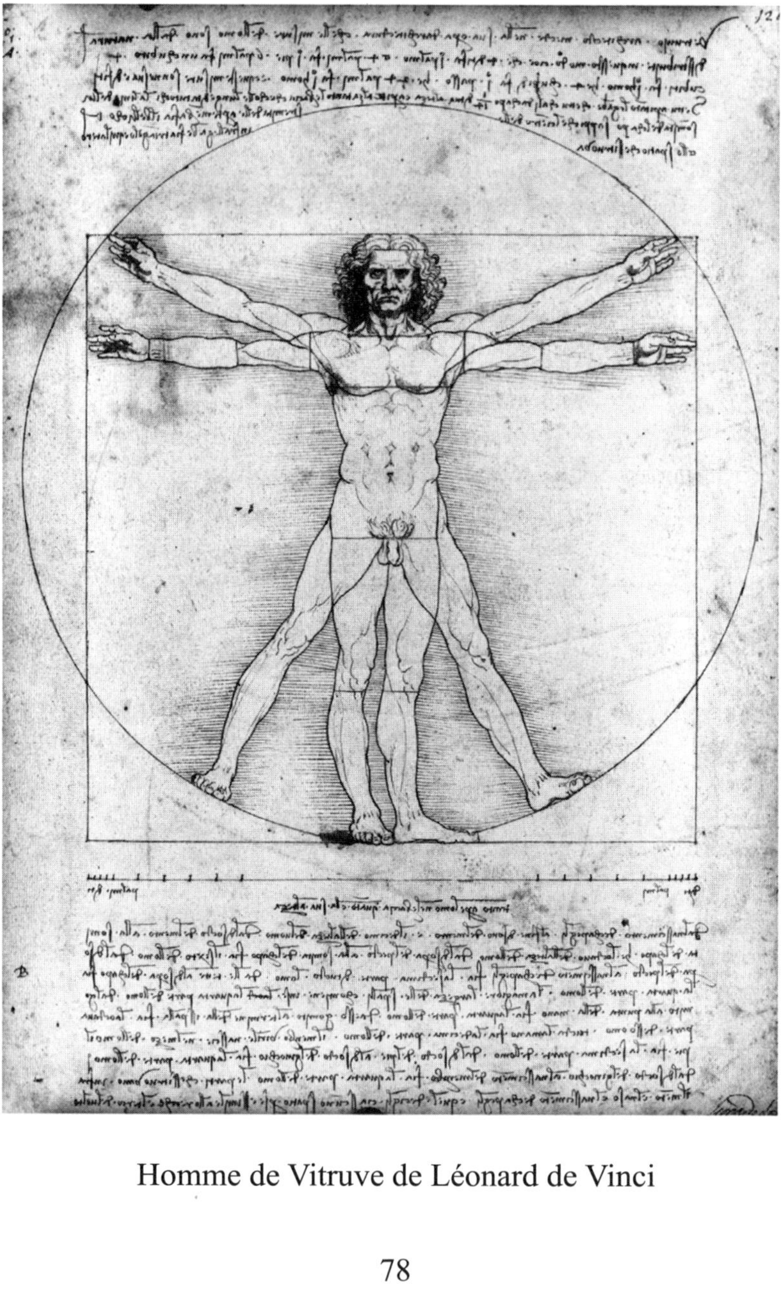

Homme de Vitruve de Léonard de Vinci

III
LA SYMBOLIQUE DU CINQ ET LA GÉOMÉTRIE SACRÉE

I L'ÉCRITURE ROMAINE DU V ET SA SYMBOLIQUE

Le cinq n'est pas un chiffre anodin et s'il a été choisi comme base de distribution pour l'organisation symbolique du Tarot, c'est qu'il est considéré depuis Pythagore comme le nombre même de l'Humanité. L'humanisme de la Renaissance s'y résume tout entier. Non seulement L'étoile à cinq branches est, avec le pentagone, une figure géométrique symbolisant le nombre cinq, comme le carré est celle du quatre, et le triangle ou le cercle celle du trois, mais elle renvoie à la forme du corps humain bras et jambes écartés, ce dont Léonard de Vinci a donné une image éternelle avec son Homme de Vitruve dont on pense qu'il a été dessiné vers 1490, à peu près à l'époque de la création du Tarot.

C'est ce « V » qui est, en tant que nombre du corps de l'être humain, au centre de la symbolique de la Renaissance. Il n'y a rien d'étonnant dès lors au fait que les créateurs du Tarot aient donné pour rôle, au nombre V, d'ouvrir le Livre du Tarot qui révèle le rôle de l'humanité, rôle lié fondamentalement au nombre cinq, car il s'agit d'être comme lui : unificateur, quintessentiel et, au sein de la Création, en relation avec l'élément invisible qu'est l'Éther.

La correspondance entre le cinq et ce rôle que doit jouer l'humanité se retrouvent dans l'écriture romaine de ce chiffre qu'a choisi de suivre le créateur du Tarot à une époque où, pourtant, l'écriture arabe des nombres était déjà, depuis plus de cinq siècles, installée en Europe. Le « V » latin marque en effet une unité que ne connaît aucun chiffre avant lui, ce qui est rappelé clairement, dans le Tarot, où les nombres avant le V s'écrivent par des traits séparés, y compris le « IIII ».

L'écriture particulière de ce nombre quatre (IIII) au sein du Tarot a toujours appelé les interprétations, mais la plus simple de ses raisons se trouve dans l'origine préhistorique de la saisie chiffrée du réel et qu'a voulu rappeler le créateur du Tarot : l'humanité a appris à compter sur ses doigts. Chaque doigt de la main est séparé des autres et forme comme une sorte de trait dans la main. Ce n'est qu'à partir du cinquième doigt, qu'on a une main complète, et qui, en étant bien ouverte, forme un V par la jonction au coin du poignet, du pouce et de l'auriculaire, et un V qui certes contient tous les autres doigts de la main, mais qui est aussi déjà bien plus qu'un ensemble de cinq doigts : c'est une main entière. Le V représente aussi bien le cinquième élément de la main, l'auriculaire, que l'unité des cinq éléments que contient la main, et il représente aussi la main humaine entière. Le V est dès lors le symbole du pouvoir unificateur, rassembleur, créateur d'unité, symbole aussi du pouvoir créateur de la main humaine.

C'est d'autant plus important de se souvenir de cette naissance du chiffrement du monde que les doigts et la main ont servi depuis l'Antiquité jusqu'à la Renaissance à mesurer toute chose dans un étalonnage qui se nomme « le quine », mot ancien, remplacé souvent par l'expression « la canne de l'architecte » du fait de sa forme dans l'étoile à cinq branches, le pentagramme. Ce quine a servi aux architectes des Temples de l'Antiquité tout comme aux bâtisseurs médiévaux de cathédrales, et il trouve sa plénitude dans le nombre d'or qui fascinait la Renaissance.

Le dix, composé de deux Cinq réunis par la pointe, symbolise d'autre part, une complétude supérieure à la main : il représente un être humain, lui qui possède deux mains et deux seulement. Dans le Tarot, le X marque toujours cette unité supérieure, plus collective, plus complète, et au sein de la cinquième Verticale des Atouts, il apparaît dans les deux Atouts qui finissent un monde complet : l'Atout X, La Roue de Fortune, qui englobe et termine la Terre des Atouts faite de deux Niveaux (deux V) qui concernent pour le premier Niveau la communauté familiale et pour le second la communauté sociale, quand l'Atout XX englobe, en plus de la Terre des Atouts, le Ciel des Atouts qui se compose du troisième Niveau, celui des grandes épreuves et vertus humaines, ainsi que celui du quatrième Niveau, Niveau cosmique où s'expriment les bénédictions du Ciel.

Il est intéressant aussi que l'écriture romaine du « X » place les cornets que forment les deux cinq, en ouverture l'un vers le ciel, l'autre vers la terre, en les faisant se rejoindre au milieu. Le dix aurait pu s'écrire en plaçant les cornets à l'horizontale, et cela aurait signifié tout autre chose que ce lien entre le Ciel et la Terre que représente la graphie verticalisée. Mais ce n'a pas été le choix des inventeurs de la graphie chiffrée romaine qui avaient sans doute déjà le sens du rôle que doit jouer l'humanité, et les mains de l'humanité, au sein du monde : à la pointe entre deux mondes, elles doivent achever la Création, en permettant des échanges entre les énergies du Ciel et de la Terre.

Les graphies du « V » et du « X » symbolisent en effet la dimension sacramentelle du nombre cinq : ces nombres relient toute la main et les deux mains de l'être humain, et relient aussi le Ciel et la Terre. Ce rôle symbolique d'unification et de pacification du cinq se retrouve au sein du Tarot dans la symbolique du Pape, l'Atout V, qui a pour première fonction d'unir, par le sacrement de la nuptialité, le couple qui le précède et qui est constitué de L'Impératrice et de L'Empereur. Le Pape, cinquième Atout est aussi, en tant que prêtre, le conseiller matrimonial qui permet au couple de résister aux aléas de la vie et des caractères. Son rôle est encore d'unir l'être humain à la communauté des croyants par le baptême, ainsi que d'unir les êtres humains au Ciel par l'ensemble des sacrements religieux. Et c'est cette reliance même qu'on retrouve exprimée partout au sein de la cinquième Verticale des Atouts où sont en jeu Le Pape (V), La Roue de Fortune et sa sphinge (X), Le Diable (XV) et Le Jugement (XX), ces quatre Atouts donnant leur unité à tous les Atouts de leur Niveau, mais servant aussi de franchissement du seuil, ce qui permet à l'aspirant de s'élever au Niveau suivant. La Verticale des V représente en effet de sévères gardiens du seuil qui vérifient l'aptitude du postulant à s'élever : tant le personnage du Pape, que la sphinge de l'Atout X, le Diable de l'Atout XV que l'ensemble de l'Atout XX, dénommé « Le Jugement », sont des juges qui examinent la valeur de l'âme du postulant à l'élévation suivante.

Le cinq est enfin et peut-être surtout le nombre de l'Éther, cette quintessence invisible qui met en relation et unit les quatre autres éléments visibles : Terre, Feu, Eau. C'est de ce fait le nombre nuptial selon les pythagoriciens, et il est aussi selon Jean Chevalier et Alain Gheerbrant qui ont écrit l'indispensable *Dictionnaire des symboles*, le nombre de l'harmonie et de l'équilibre. Il fut dès lors chargé par les pythagoriciens d'incarner les hiérogamies : le mariage du Ciel et de la Terre. De ce fait, sur ce nombre cinq, repose la géométrie divine qui concentre en elle tout l'esprit de la Renaissance.

Deux membres de la cour de Milan, alors, sous l'autorité de Ludovic Sforza : Luca Pacioli, surnommé Luca di Borgo, et Léonard de Vinci ont joué un rôle particulier dans l'élaboration de la géométrie divine telle que les Pythagoriciens l'ont inventée, telle que Méton, un astronome Grec, l'avait dévoilé dans le cycle lunaire, telle qu'Euclide d'Alexandrie l'avait intégré dans toutes ses analyses des polyèdres réguliers, mais telle aussi qu'elle entre en jeu dans la construction de l'Arche d'Alliance et les indications qu'en reçoit Moïse (XXV, 10), telle encore que Phidias l'a intégré dans sa décoration du Parthénon à Athènes, telle que Platon la dévoile dans ses cinq solides, telle enfin que Fibonacci (Léonard de Pise), l'un des plus grands mathématiciens du Moyen Âge et l'italien qui importa les chiffres arabes en Europe, l'intègre dans sa fameuse suite, dite de Fibonacci. Mais à la Renaissance, c'est à Milan que cette géométrie sacrée fait un bon en avant, dans la cour du duc Ludovic Maria Sforza, cette cour même où très vraisemblablement le Tarot fut créé.

En 1496, en effet, Ludovico Sforza, invite Fra Luca Pacioli, théologien et mathématicien, à rejoindre sa cour. Il y rencontre Léonard de Vinci qui s'y trouvait déjà. Passionnés tous les deux de mathématiques et de géométrie sacrée, ils se lient d'amitié. Entre 1496 et 1498, Pacioli écrit un ouvrage clé auquel participe son ami, Léonard de Vinci, par ses illustrations : le très célèbre et emblématique *De Divina Proportione* où pour la première fois, le nombre d'or est étudié de manière systématique, aussi bien dans ses significations mystiques et esthétiques que géométriques.

Cet ouvrage qui délivrait le secret d'une mathématique hermétique où le nombre cinq et ses symboliques pentagonique et pentagrammique sont centraux dans l'élaboration de la divine proportion fait l'objet de la première partie de cet ouvrage. Le nombre d'or, c'est ce rapport mathématique particulier du 1 pour 1,618 qu'on représente par un rectangle dit « d'Or », divisé en deux parties, la plus petite représentant un tout petit peu plus d'un tiers de la grande, et la plus grande un tout petit peu moins de deux tiers de la petite, rapport alors considéré comme celui de la perfection et de la beauté en jeu dans la nature. Dans cette première partie, soixante types de polyèdres illustrent le nombre d'or et c'est Léonard de Vinci qui en dessine les planches.

La troisième partie de *La Divine proportion* traite des cinq solides de Platon qui ont la caractéristique d'être composés de faces faites de polygones réguliers isométriques, ces cinq solides étant les seules figures géométriques ayant ces caractéristiques : tous les côtés sont de la même longueur, et tous les angles ont la même mesure. Pour le philosophe athénien, ces solides illustraient les cinq éléments : le tétraèdre composé de quatre faces de triangles équilatéraux était le symbole du Feu ; l'octaèdre, composé de huit faces de triangles équilatéraux celui de l'Air ; l'icosaèdre, composé de vingt faces de triangles équilatéraux était le symbole de l'Eau ; le cube, composé de six faces de carrés, celui de la Terre, et enfin, le cinquième solide, le dodécaèdre, composé de douze faces de pentagones réguliers, était le symbole du Cosmos, précisément ce que représente l'Atout XXI dans le Tarot, aussi bien dans son nom « Le Monde », que dans sa représentation iconographique qui réunit toutes les Couleurs et Niveaux du Tarot, par la grâce de la Danseuse, mais aussi que par son nombre où le « I » final regroupe, dans une individualité unique, les quatre V, symboles chacun d'un Niveau et d'une Couleur, reliés deux par deux par la pointe du nombre X.

Or le pentagone régulier qui est, avec le pentagramme, l'une des deux figures géométriques du nombre V en ce qu'il a cinq côtés est l'élément déterminant dans la construction du dodécaèdre qui représente la totalité du Monde, et où il se manifeste sur toutes ses faces. Pour ces amateurs de symbolique et de géométrie, il était dès lors très clair que ce nombre V qui symbolise l'humanité était au cœur de la réalisation ultime du monde symbolisé par le dodécaèdre. L'humanisme de la Renaissance qui place l'être humain au centre de la Création trouvait là son symbole numérique.

De son côté, le pentagramme, l'étoile à cinq branches, met continuellement en jeu le nombre d'or : si l'on met, en effet, bout à bout les deux lignes les plus courtes de cette étoile qu'est le pentagramme, l'ensemble est égal à la troisième ligne, qui montre alors les proportions même du nombre d'or, et on retrouve ce même rapport pour les autres lignes, puisque l'addition des deuxième et troisième lignes mènent aux mesures de la quatrième. Le pentagramme permet donc d'obtenir le quine dit aussi « cane des architectes » du fait de sa forme, construit sur cinq dimensions du corps humain en partant de la main, elle-même symbolisée par le nombre V, et qui a servi à construire les temples sacrés dans l'Antiquité, tout comme les cathédrales du Moyen Âge.

C'est dans le IIe volume du *De l'Architecture* du romain Vitruve, un architecte de l'Antiquité, que Léonard de Vinci trouve son inspiration quand il met en application ce nombre d'or dans un dessin devenu emblématique non seulement de son art, mais aussi de la Renaissance tout entière, dans sa recherche de la divine proportion : *L'homme de Vitruve*. Voici ce qu'écrit Léonard de Vinci par cette écriture secrète et spéculaire qui était la sienne, et en accompagnement du dessin de cet homme idéal contenu à la fois dans un cercle et un carré, selon les proportions du nombre d'or :

Vitruve dit, dans son ouvrage sur l'architecture : la Nature a distribué les mesures du corps humain comme ceci : quatre

doigts font une paume, et quatre paumes font un pied, six paumes font un coude : quatre coudes font la hauteur d'un homme. Et quatre coudes font un double pas, et vingt-quatre paumes font un homme ; et il a utilisé ces mesures dans ses constructions.
Si vous ouvrez les jambes de façon à abaisser votre hauteur d'un quatorzième, et si vous étendez vos bras de façon que le bout de vos doigts soit au niveau du sommet de votre tête, vous devez savoir que le centre de vos membres étendus sera au nombril, et que l'espace entre vos jambes sera un triangle équilatéral. La longueur des bras étendus d'un homme est égale à sa hauteur.
Depuis la racine des cheveux jusqu'au bas du menton, il y a un dixième de la hauteur d'un homme. Depuis le bas du menton jusqu'au sommet de la tête, un huitième. Depuis le haut de la poitrine jusqu'au sommet de la tête, un sixième ; depuis le haut de la poitrine jusqu'à la racine de cheveux, un septième. Depuis les tétons jusqu'au sommet de la tête, un quart de la hauteur de l'homme. La plus grande largeur des épaules est contenue dans le quart d'un homme. Depuis le coude jusqu'au bout de la main, un quart. Depuis le coude jusqu'à l'aisselle, un huitième.
La main complète est un dixième de l'homme. La naissance du membre viril est au milieu. Le pied est un septième de l'homme. Depuis la plante du pied jusqu'en dessous du genou, un quart de l'homme. Depuis sous le genou jusqu'au début des parties génitales, un quart de l'homme. La distance du bas du menton au nez, et des racines des cheveux aux sourcils est la même, ainsi que l'oreille : un tiers du visage.

Ce texte de Léonard de Vinci met en évidence le lien qui, aux yeux des herméticiens de la Renaissance, fondait leur humanisme et qui existe entre le nombre cinq, l'être humain, et la divine proportion en jeu dans la Création qu'est la nature et que s'efforcent de reproduire dans leurs œuvres, les architectes particulièrement ceux qui construisaient les temples sacrés antiques et les cathédrales du Moyen Âge. Paume, palme, empan, pied et coudée sont les cinq mesures du quine des bâtisseurs médiévaux. L'étymologie du mot « quine » vient du latin « quinas » : « cinq chacun » – . Ce quine était calculé selon la suite de Fibonacci que rappelle Léonard de Vinci : la coudée est égale au pied plus l'empan, le pied égale l'empan plus la palme, l'empan égale la palme plus la paume. Ces cinq unités relatives au corps humain nous confrontent au nombre d'or : la palme est en effet de la même mesure que la paume, le pied de l'empan, la coudée du pied, dès lors qu'on les multiplie chacun par 1,618. Cette divine proportion, découverte à partir de la main puis du corps de l'être humain, Léonard de Vinci la voit en jeu partout dans la nature, permettant à celle-ci de créer d'immenses structures avec une efficacité parfaite.

Le chiffre cinq qui apparaît quatre fois dans les désignations des Atouts du Conver, qui est le nombre même des personnages de l'Atout XXI, et qui supporte la géométrie sacrée telle qu'elle est systématisée à la Renaissance est bien la clé qui ouvre la porte de la géométrie sacrée, elle-même s'inscrivant dans l'ensemble du corps de l'être humain et à commencer par la main, ce médium du pouvoir d'action et de création humaines. Le cinq qui joue un rôle si important dans l'émergence de la mathématique et de la géométrie sacrée, et qui est le nombre aussi de la quintessence, manifeste tout simplement pour ces humanistes qui inventèrent le Tarot que l'homme, qui est la mesure de toutes choses, est aussi l'être quintessentiel du monde, le centre du cosmos et son reflet, destiné à l'émergence de l'unité spirituelle du monde. Et c'est cette destinée qu'illustre le Tarot.

Luca Pacioli et Léonard de Vinci : de possibles créateurs du Tarot

Que les concepteurs du Tarot soient à fois d'éminents mathématiciens et des artistes remarquables, cela ne fait aucun doute. Ils ont créé le Tarot à partir d'une géométrie sacrée qui remonte à Pythagore en passant par Platon, Aristote, Euclide, Vitruve, Leonardo Fibonacci et finalement, au XVe siècle, en pleine Renaissance italienne, Luca Pacioli et Léonard de Vinci. Il n'est pas absurde, dès lors, de penser que ces deux génies de la Renaissance que furent Luca Pacioli et Léonard de Vinci sont les véritables créateurs du canon du Tarot de Marseille dont on sait par ailleurs, désormais, qu'il est apparu, à Milan, dans la cour de Ludovic Sforza, qui, lui-même, est mort en France, tout comme Léonard de Vinci, précisément dans le pays où, dans les siècles qui allaient suivre, les plus anciens jeux de Tarot de Marseille qu'on possède ont été imprimés, et où, à l'époque des Lumières, Court de Gébelin allait, lui-même, jouer un rôle si important dans la révélation du Tarot de Marseille comme Tarot initiatique.

VI
LAMOVREVX
VII
LE CHARIOT
VIII
LA JUSTICE
VIIII
L'HERMITE
LE·BATELEUR
III
L'IMPERATRICE
IIII
L'EMPEREUP
VALET DE COUPE
CAVALIER DE COUPE
REYNE DE COUPE
ROY DE COUPE
LE·MAT
VALET·D'EPEE
CAVALIER D'EPEE
REYNE·D'EPEE
ROY·D'EPEE
VALET DEBATON·
CAVALIER DEBATON·
REYNE DE BASTON·
ROY·DE BATON
VALET·DE·DENIERS
CAVALIER DE DENIERS
REYNE·DE DENIERS
ROY·DE DENIERS

IV
LA QUINTESSENCE ET L'INVISIBLE CINQUIÈME HONNEUR

La cinquième place inoccupée des Cours du Tarot

Quand on aligne les Niveaux I et II des Atouts avec les quatre Figures des Cours du Tarot, une correspondance harmonique saute aux yeux : tous les Valets semblent des expressions particulières du Bateleur et de l'Amoureux, ces deux plus jeunes Atouts du Tarot avec lesquels ils sont dans une intime ressemblance ; les Cavaliers sont manifestement en lien avec Le Chariot qui les dirige, lui qui est le seul Atout accompagné de chevaux et qui est de ce fait le plus véloce ; Les Reines sont des personnifications particulières tant de L'Impératrice que de la Justice ; et si les Rois tiennent tous de L'Empereur, deux d'entre eux – le Roi de Denier et le Roi de Coupe – ont quasiment l'âge et la sagesse de L'Hermite.

Très manifestement, les Figures incarnent la majeure partie des Atouts des deux premiers Niveaux, le Niveau familial et le Niveau social, et cela, dans la spécificité de leur Couleur. Seule La Papesse d'une part, et le Pape d'autre part échappent à cette ressemblance entre les quatre premiers Atouts des deux premiers Niveaux et les Figures des Cours du Tarot. Peut-être que laissant sa place au Chariot, le Tarot invite à lier les Cavaliers aussi à la figure féminine de L'Étoile, ce qui donnerait à ces personnages des Cours du Tarot une dimension spirituelle. Le cas du Pape est plus complexe.

Quoi qu'il en soit de la Papesse et du Pape, il est clair désormais que les Atouts des deux premiers Niveaux sont les maîtres-Atouts des figures, les éclairant de leur énergie propre, à l'intérieur des Couleurs qui sont les leurs.

Pour prendre en exemple le lien qui existe entre les Valets dans leurs Couleurs d'une part et Le Bateleur et L'Amoureux d'autre part, on voit que le Valet de Denier exprime à la fois le nouveau, le petit, le jeune, le potentiel, l'immature et l'insuffisance du Bateleur, ainsi que l'indécision, le tiraillement, mais aussi la passion, la joie de vivre, le besoin de distractions et de vie festives de L'Amoureux à l'intérieur de la la tonalité terrestre, matérielle, concrète, artisanale, sérieuse, pragmatique, traditionaliste et individualiste propre à la Couleur de Denier, tandis que le Valet de Bâton incarne ces énergies dans la tonalité dynamique, passionnelle, sportive, charismatique, dominante, et tyrannique de sa Couleur, que le Valet d'Épée les incarne dans la tonalité d'intellectualisation, de communication, de recherche du sens et des connexions rationnelle, de dure lucidité, mais aussi de pessimisme et parfois même de mélancolie qui lui sont propres, et qu'enfin le Valet de Coupe les incarne dans la tonalité qui est la sienne, faite de sentiment, de spiritualité, d'intuitions artistiques, de joie et de chances pures ainsi que de canalisation. Et bien sûr, ce qui est vrai des Valets de Denier, se retrouve dans toutes les figures du Tarot qui, toutes, incarnent à l'intérieur de la Couleur qui leur est propre, les expressions de leurs maîtres-Atouts.

Ce qui saute, cependant, aux yeux de l'amateur du Tarot de Marseille, placé devant cette organisation holistique du Tarot née de la distribution des cartes cinq par cinq, c'est qu'il manque les Figures en correspondance avec Le Pape et La Roue de la Fortune. Il est alors conduit à s'interroger : pourquoi avoir laissé dans le hors champ des Cours, leur cinquième élément ? Serait-il possible qu'un personnage de Cour existe malgré tout et soit sous l'influence du Pape et de la Roue de Fortune ? Quels personnages de la Cour pourraient compléter les Valets, les Cavaliers, les Dames et les Rois, et être en relation harmonique avec ces deux premiers Atouts de la Verticale des V ?

Dans les Cours du Tarot, les quatre figures de la cinquième place des Cours, si elles existent, restent invisibles à celui qui distribue le Tarot cinq cartes par cinq. Pourtant, la structure holistique du Tarot révèle l'existence de cette cinquième place au sein des Cours, et dès lors, elle invite l'amateur à s'interroger sur l'existence potentielle d'une Figure invisible qui, à l'intérieur de sa Couleur et sous l'influence du Pape et peut-être aussi de la Roue de Fortune trouverait en elle la puissance, quintessentielle, de l'Éther et qui serait destinée à donner son unité aux Cours, tout comme à relier le Ciel du Tarot – les Atouts – à la Terre du Tarot – les cartes numérales –. Ces Figures invisibles et quintessentielle peuvent-elles devenir visibles à celui qui est attentif à tous les indices que nous donnent le Tarot ?

Le Mat, cinquième figure des Cours

Puisque le cinq représente l'humanité, et particulièrement la main de l'être humain, il ordonne l'ensemble des cartes du Tarot, et leur distribution cinq par cinq cartes. Il est le chiffre central du Tarot, et il en porte la structure holistique, humaniste et hermétique, celle même qui se voulait, en image, nombres et désignations, la transmission de l'enseignement des philosophes, inventeurs et artistes de la Renaissance.

On se doute, dès lors, que le vide laissé à la cinquième place des Cours n'est ni une erreur, ni à négliger : non seulement cette place vide manifeste l'invisibilité et le pouvoir unificateur et quintessentiel de l'éther – ce cinquième et invisible élément qui fait l'unité des quatre autres – mais ce vide invite à l'occupation de cartes situées hors des Cours, dont il révélerait cependant la mobilité, mais aussi la capacité unificatrice et sacrificatrice.

L'une de ces cartes est un Atout que les joueurs considèrent, et ce n'est pas un hasard, comme un Honneur : il s'agit du Mat.

À la question que nous posions plus haut : que peut-il bien manquer aux Cours du Tarot pour être complètes en tant qu'ensembles de cinq cartes ? Une première réponse nous est désormais assez évidente : chaque Cour du Tarot manque de son Fou, ce même Fou du Roi qu'on trouvait dans les cartes de jeux de Cour qui étaient en usage en France au XVe siècle. Il n'est nullement absurde de penser que les créateurs du Tarot ont donné un double rôle au Mat, faisant de lui, le personnage qui fait le lien entre les Atouts et les Cours du Tarot. Le Mat peut en effet venir se poser dans les Cours, lui qui est sans nombre et qui, de ce fait reste en deçà de l'ensemble formé par les vingt Atouts d'avant Le Monde et qui, chez les joueurs, joue le rôle du cinquième Honneur.

Le Mat est en outre traditionnellement considéré comme l'Atout de la liberté et de la mobilité, ainsi que de l'imprévisibilité et de la marginalité. Cette liberté du Mat a d'ailleurs été conservée dans les règles du jeu de tarot telles qu'elles se sont transmises ; Court de Gébelin en témoigne dans *Le Monde primitif* : « Le Fou ne prend rien, rien ne le prend, il forme Atout, il est de toute Couleur également ». De toute évidence, Le Mat est entre deux mondes, le monde des Atouts et le monde des Cours où existent les Honneurs. Et il est de toutes les Cours étant de toutes les Couleurs.

Dans le Tarot, tel qu'il se pratique encore de nos jours en tant que jeu, Le Mat a été remplacé par l'« excuse » qui est un Honneur et non un Atout, et qui a un rôle particulier qui montre son habileté à échapper à tout enfermement : jusqu'à l'avant-dernière levée, aucune carte du jeu n'a prise sur l'excuse qui glisse entre les mains de celui qui emporte le pli pour revenir vers son premier possesseur qui, de son côté, remet à son adversaire, en échange, n'importe quelle carte dont il veut se débarrasser. Le Mat qui inspira le Joker américain a pleinement sa place au sein de n'importe laquelle des quatre Cours du Tarot, étant comme le dit Court de Gébelin de toutes les Couleurs, mais à la fois aussi d'aucune, ayant un costume bariolé et une posture toute contorsionnée, restant cependant malgré tout un Atout, l'Atout sans nombre, le zéro n'existant pas en chiffre romain. Le Mat, est donc un parfait postulant pour tenir le rôle de l'élément des Cours en étant le Fou du Roi. Mais en quoi serait-il quintessentiel ?

Le rôle du Fou dans les cours d'antan est assez bien connu : il s'agissait pour lui de divertir la noblesse et surtout le roi par des cabrioles et des calembours, facéties et plaisanteries en apparence anodines, mais qui, sous l'aspect rieur, superficiel et ludique, réveillait chacun à une pénible vérité, celle précisément qu'il ne voulait pas entendre. La parole du Fou était essentielle au roi qui, sans elle, était aveuglé par les flatteries courtisanes, ainsi que par sa propre tendance à dévier du droit chemin, du fait de l'absence d'un pouvoir supérieur au sien. Sous couvert de quolibets et de taquineries, le Fou osait dire au roi et aux membres de la cour, ce que personne d'autre n'aurait pu dire, mais que beaucoup pensaient secrètement. Sa parole était, de ce fait, un puissant contre-pouvoir, et la rectification essentielle à l'exercice politique. Le Mat incarne la Vérité, la

Justice et le Bien qui sont au-dessus de tout pouvoir temporel, qu'en tant qu'idéaux, ils doivent guider.

Une cour sans fou était une cour qui prenait la tangente et déviait de son droit chemin, s'enfonçant dans toutes les corruptions liées à l'exercice du pouvoir, parce qu'en cette Cour personne n'incarnait plus la vérité qui dérange, mais qu'il est nécessaire d'entendre à la rectitude même du pouvoir politique. L'art de la moquerie, de la caricature, et du blasphème est essentiel à toute bonne vie politique, y compris dans les Républiques modernes et les bouffons du roi trouvent leur place dans les revues et publications dont il faut défendre l'existence, car ils sont l'équivalent moderne du Fou du Roi, à la parole de vérité portée par de nécessaires facéties.

Le Mat incarne aussi, au sein du Tarot, le génie de celui qui puise directement à la source de toute créativité : la source divine, et il y a incontestablement un lien entre l'originalité fracassée de la folie et du hors-cadre que Le Mat incarne et l'originalité inspirée du génie créateur dans son aptitude à faire surgir l'inédit, le radicalement imprévisible et pourtant parfait. Au sein de la tradition chrétienne, le Mat incarne la folie en croix, cette folie pleine de sagesse qui caractérise une mystique christique essentielle. C'est que cette carte, au sein de la structure holistique du Tarot, est à la fois l'Atout le plus éloigné du Monde, ce que symbolise sa folie, mais aussi le seul Atout qui le rejoint d'un bon, même si c'est le plus grand de tous les bonds puisque zéro plus vingt et un égale vingt et un. Le Monde et Le Mat, nous le verrons, sont de ce fait des cartes complémentaires, à la fois opposées et nécessaires l'une à l'autre, unies directement par le plus grand des bonds. Voilà pourquoi le Mat est l'une des incarnations possible de cette cinquième, invisible et quintessentielle Figure des quatre Cours du Tarot.

La cinquième place des Cours du Tarot qui parle de l'invisibilité de l'éther, et qui est réservée à la fois à une essence unificatrice, verticalisante et qui permet un franchissement du seuil, est certes faite pour le Mat qui unit les Cours aux Atouts. Cette cinquième place des Cours du Tarot peut cependant aussi être occupée par ces Nombres très particuliers au sein des cartes numérales que sont les As qui, par la double valeur qui est en eux, représentent à la fois la plus petite valeur numérique des cartes numérales et la Couronne qui inspire les quatre Cours, unissant tous les Honneurs par sa Couleur, tout comme elle unit les Cours aux Nombres, tout en manifestant le pouvoir propre à chacune, un pouvoir supérieur même aux rois.

Au sein des cartes de Couleurs, les As sont les plus petites des valeurs chiffrées des cartes numérales qui se distribuent entre un et dix. Leur maître-Atout est donc Le Bateleur, « le petit » Atout, le premier, et le plus faible. Mais ils sont aussi en relation harmonique avec L'Atout XI, La Force, qui exprime la maîtrise parfaite des Atouts de la Terre par une individualité maîtresse d'elle-même et de sa puissance pulsionnelle, tout comme avec Le Monde, cet Atout XXI, qui représente la parfaite unité d'une réalité unifiée par l'individualité transfigurée que représente la Danseuse quand, tout du Ciel et de la Terre, en cet Atout ultime, est à sa juste place et en communication avec tout le reste.

Si toutes les autres cartes l'emportent sur les As au sein des parties du Tarot des joueurs, la représentation iconographique des As fait d'eux les essences mêmes de chaque Couleur qui incarne dès lors une puissance et une forme de réalisation que reconnaissent les règles de beaucoup de jeux de cartes qui font des As, probablement dès l'apparition des jeux de Naibi, des cartes plus puissantes que les Rois qui s'inclinent devant eux.

Les As alors ont dès lors pleinement leur place au sein des Cours en tant que cinquième Honneur, c'est-à-dire en tant qu'emblème et Couronne de la Couleur de ces Cours, et en tant que symbole du pouvoir royal, supérieur même au Roi particulier qui l'incarne. Bien qu'invisible en lui-même, ce puissant éther des Cours qu'est l'As de Couleur est le pouvoir légitime de chaque roi et de chaque reine, tout comme l'essence de la manifestation particulière de chaque Figure dans sa couleur, mais il est aussi sa limite. Si l'As est plus puissant que le Roi de sa Couleur, c'est que ce dernier ne peut agir que dans les limites de l'essence de sa Cour, et un Roi de Coupe ne peut pas faire ce qu'un Roi d'Épée peut et vice-versa.

C'est pourquoi, la cinquième place, quintessentielle, de chaque Cour peut être, légitimement, occupée par l'As de sa Couleur, unissant les Cours aux cartes numérales, obéissant au rôle quintessentiel que jouent chaque cinquième élément du Tarot.

On comprend pourquoi la cinquième Figure des Cours du Tarot est, en apparence, absente et doit l'être. En tant que place quintessentielle, le vide que les Cours placent après le Roi rappelle la nature évanescente bien qu'essentielle de l'Éther qui, bien qu'invisible, permet l'unité du réel en tissant un lien nécessaire entre les quatre autres éléments : Terre, Feu, Air et Eau.

L'invisibilité de la cinquième Figure rappelle aussi le rôle que doit jouer l'humanité : elle est, pour les humanistes de la Renaissance qui voient en elle la créature la plus précieuse, la quintessence du monde, non seulement parce qu'elle a les moyens intellectuels de se représenter la création divine qui se reflète en l'esprit de chacun des êtres humains, mais aussi parce que, par les mains de ces derniers, l'humanité est la seule espèce créatrice, qui doit faire œuvre, par cette créativité même, d'une spiritualisation du monde, achevant de ce fait la création divine, procédant, à cette fin, au mariage hermétique du Ciel et de la Terre. L'humanité est le centre du X, tout comme le centre du Tarot, révélée explicitement en tant que Figures des Cours mais aussi par leur invisible cinquième élément.

Ce vide que représente la cinquième place des Cours du Tarot appelle un emplissement que peuvent opérer aussi bien Le Mat que les As. De ce fait, par ce vide, par la mobilité du Mat et des As, les Cours font vivre cette reliance entre le Ciel et la Terre qui est le rôle de la quintessence humaine. En tant qu'essence et couronne de chaque Couleur, les As font le lien entre les cartes numérales et les Cours qu'elles encadrent, tout comme, par la parole de vérité percutante, et parfois blessante du Mat mais aussi dans la légèreté d'une moquerie nécessaire, ainsi que par son génie, les Cours sont liées non seulement aux essences archétypales idéales que représentent l'ensemble des Atouts avant Le Monde, mais au Monde lui-même qui est le complémentaire du Mat.

Ainsi la quintessence du Tarot se noue dans ces deux types de cartes que sont le Mat et les As, cartes mobiles, puissantes et impuissantes à la fois, leur puissance étant invisible aux yeux du commun, cachée à tous sauf à l'Adepte, graine de sénevé du Royaume des Cieux pour les As et figure marginalisée, moquée et moqueuse, mais sacrée pour le Mat, affirmant l'importance de l'organisation quadripartite de la vie humaine qu'incarnent les quatre Couleurs du Tarot et les quatre Niveaux des Atouts, tout comme le rôle particulier qu'y joue la créativité humaine, en tant que réalité quintessentielle qui fait, de l'être humain, la figure pentagonique ou pentagrammique qui se reflète douze fois dans le dodécaèdre, le solide de Platon qui est l'emblème géométrique du Monde.

On peut encore faire une dernière hypothèse sur le sens de cette cinquième et invisible Figure des Cours. Le vide qu'y a laissé le créateur du Tarot, exprime peut-être un manque essentiel dans l'humanité existante qui doit retrouver et refaire naître le cinquième élément de ses Cours en retrouvant le Féminin sacré. Peut-être alors que la cinquième Figure manquante des Cours est cette Devineresse qui a été brûlée vive deux fois dans l'histoire de l'humanité, une première fois sous le roi Josias de Juda, au VIIe siècle avant Jésus-Christ, une seconde fois sous l'influence de la Réforme et de la Contre-Réforme, au XVIe siècle après Jésus-Christ.

Cette cinquième et féminine Figure potentielle des Cours du Tarot incarnait pourtant le lien entre le roi et le Ciel, tout comme entre le Roi et le peuple, révélant au roi la volonté divine, lui rappelant aussi les besoins du peuple. Sans Hulda, cette devineresse que Josias a consultée avant d'entreprendre l'immolation des prêtresses d'Ashéra, la compagne de Yahvé, et sans la révélation trouvée dans ses rêves, Josias n'aurait jamais osé agir comme il le fit, quand il imposa par la force la monolâtrie qui allait détruire tout un pan des cultes en Juda.

Les prophétesses étaient systématiquement consultées dans l'Antiquité, et représentaient un pouvoir supérieur aux rois et chefs politiques grecs et romains, tout comme elle était religieusement entendue par les généraux des peuples germains qui pratiquent la magie de la guerre et certaines femmes qui les guidaient étaient à la fois révérées et effrayantes, en tant que prêtresses, incantatrices et devineresses, et encore sorcières au chaudron, mais aussi en tant que représentantes de leur peuple et des diplomates face aux Empereurs romains. Telles étaient les femmes puissantes des peuples Germains, cette cinquième Figure des Cours antiques, dont Tacite cite trois noms : Ganna,

Albrina, Veleda, considérées par leurs peuples comme les incarnations vivantes de la Déesse, avant que le christianisme ne les fasse entrer dans le moule du monothéisme. Certains noms des prêtresses grecques antiques sont restés célèbres comme celui de la Pythie, attachée à Delphes au Temple d'Apollon et dont la parole missionna Socrate dans son travail d'éveilleur de conscience, ou Sibylle attachée au temple de la Déesse mère Cybèle. Pythies et Sibylles, ces prêtresses devineresses étaient élevées au niveau du divin, capable dès lors de transmettre la précieuse parole de sagesse des Dieux et leurs messages.

Cela ne serait, dès lors, pas si iconoclaste qu'il y paraît d'imaginer une Prophétesse dans chacune des quatre Cours du Tarot, en tant que cinquième élément à venir et équilibrant les genres, car l'organisation holistique du Tarot dévoile le rôle unique que jouent les femmes dans le monde, dans le lien qui se tisse, au sein de la Verticale centrale du Tarot, la IIIe, tronc de l'Arbre de vie, Incarnation du I qui donne son unité aux deux voies alchimiques du Tarot, la voie froide et génitrice qui lie L'Impératrice à La Lune et la voie chaude et sacrificatrice qui lie La Justice à l'Atout XIII. Le Féminin sacré est le cœur du Tarot, et le pilier de l'individuation qui s'accomplit dans les deux voies alchimiques. Dès lors, la Devineresse pourrait bien être cette cinquième Figure absente encore, perdue depuis l'Antiquité, guide du pouvoir terrestre, lien entre le Ciel et la Terre, révélation de la parole divine, et sans laquelle les Cours royales ou princières ne peuvent marcher droitement, personnage perdu des cours royales européennes de la Renaissance, et que le vide et le manque de la cinquième Figure du Tarot situe en lien avec la Papesse dans sa sagesse et son mystère, archétype éternel du féminin sacramental qui attend le réveil de l'humanité, cette Papesse qui, précisément, semblait avoir été oubliée, en tant que maître Atout, dans les Figures de Cour.

LE MONDE
LA·MAISON·DIEV
LE TOILLE
LA·LUNE
LE SOLEIL
LE·JUGEMENT
LA·FORCE
LE PENDU
TEMPERANCE
LE·DIABLE
LAMOVREVX
LE CHARIOT
LA JUSTICE
L'HERMITE
LA·ROVE·DE·FORTVNE
LE·BATELEUR
LA·PAPESSE
L'IMPERATRICE
L'EMPEREUR
LE·PAPE
LE·MAT

V
LES QUATRE COULEURS ET LES QUATRE NIVEAUX D'ATOUTS

Puisque ce qui est en haut et ce qui est en bas sont en miroir, il est évident que les quatre Couleurs du Tarot doivent pouvoir se mirer dans les Atouts tout comme dans les personnages qui encadrent la Danseuse divinisée de l'Atout XXI. Et c'est pourquoi, la distribution de cinq en cinq cartes qui révèle quatre Niveaux d'Atouts est la clé qui ouvre le livre du Tarot : elle permet de visualiser les correspondances et les ressemblances en miroir, non seulement entre les Atouts et les cartes de Cours, ce qui saute aux yeux, mais aussi entre les Atouts et les cartes numérales du fait d'une harmonie entre Niveaux d'Atouts et Couleurs.

Encore faut-il connaître la signification symbolique des Couleurs des enseignes italiennes du Tarot de Marseille qui incarnent une quadripartition de l'environnement humain et des événements de la vie tout comme quatre types essentiels d'humanité qui ne suivent pas les quatre tempéraments d'Hippocrate, mais une quadripartition que retrouveront les analyses jungiennes, en particulier telles que David Kiersey les a traduites plus concrètement et qui correspondent à une organisation sociétale que bien des sociétés historiques ont adoptée.

Le Denier comme objet historique, c'est la monnaie qui a eu cours à Rome sous le terme de « denarius » et qui, à la chute de l'Empire Romain perdure en Europe en s'adaptant, dans sa désignation, aux langues vernaculaires. On utilise en France des deniers jusqu'à la Révolution de 1789. Cette monnaie comportait une certaine quantité de métal d'argent frappé qui servait d'étalonnage à la valeur marchande des objets fabriqués, vendus, transmis, hérités, et possédés par les êtres humains. La monnaie se gagne, en effet, se thésaurise et s'hérite ; elle indique qu'un certain temps de travail a été accompli, qu'un objet fabriqué a été transféré, sur le marché ou chez le notaire, d'un propriétaire à un autre.

Le Denier est donc devenu, dans le Tarot, une représentation des expressions concrètes de la vie humaine qui renvoie au corps et à l'héritage génétique dirions de nos jours, ainsi qu'à toutes les formes d'acquis du passé : les biens et propriétés, mais aussi les idéologies acquises et transmises. Manifestant qu'un temps de travail a été investi dans un objet fabriqué par l'être humain, il évoque toutes les formes de la manipulation de la matière par le travail des mains humaines et le confort matériel que ces mains procurent. Cette Couleur du Tarot représente de ce fait l'environnement concret de l'être humain, environnement naturel au départ, mais humanisé par le travail comme l'est le paysage rural agricole. Les cartes de Denier parlent donc du champ cultivé, du jardin familial, de la maison, des vêtements, des meubles, tout comme du travail artisanal ou agricole qui les génère, mais aussi des économies, des héritages, de la richesse ou de la pauvreté, de l'aumône, de la générosité ou de l'avarice, de l'acquisition ou de la maîtrise du métier.

Le Rider anglo-saxon a rempli les Deniers d'un pentagramme et lui donne le nom de « pentacle » qui évoque la notion de protection magique par l'image d'une étoile dessinée dans un cercle. Mais les interprètes du Rider n'ont sans rien changé à la signification des Deniers qui restent les expressions concrètes de la vie humaine comme le montrent les scènes illustrant les cartes numérales que ses créateurs ont inventées. Ce choix du pentacle rappelle simplement l'importance du chiffre cinq dans la création du Tarot, chiffre de la distribution des cartes qui ouvre le Livre que le Tarot représente.

Les Deniers sont en relation harmonique avec l'élément Terre au sein des cinq Éléments fondamentaux que sont, en plus de la Terre : le Feu, l'Air, l'Eau et l'Éther dont Pythagore, Empédocle, Platon et Aristote ont donné les propriétés. L'élément Terre est Sec et Froid. Le Froid évoquait pour les philosophes antiques la passivité et la féminité réceptive. Dès lors les Deniers forment, avec les Coupes, les deux Couleurs féminines et réceptives, mais aussi passives, du Tarot. Le Sec renvoie de son côté à la séparation, à la division, à la contraction et au repli sur soi, mais aussi à ce qui est déjà existant, au passé donc, à la famille, au déjà connu et au sûr et solide, aux traditions donc. Mais le Sec indique aussi la précision du détail et l'individuation. Les Deniers partagent cette sécheresse avec les Bâtons et travaillent, avec ces derniers, à la séparation humaine d'avec la nature, puis d'avec le milieu familial ou social, afin qu'advienne la construction d'une individualité singulière dans l'affirmation de son être.

Dans l'Atout XXI, le bien nommé « Le Monde », les Deniers et l'élément Terre sont représentés par la Vache et par sa position en bas à gauche de la carte. Certes, voir dans ce personnage du Monde une Vache sacrée, et non nécessairement un taureau, a quelque chose iconoclaste, car le Tétramorphe d'Ézéchiel qui fait référence dans l'interprétation des personnages en coin de l'Atout XXI parle explicitement de visage de Taureau.

D'abord décrits dans la vision du Livre d'Ézéchiel, puis dans l'Apocalypse de Jean, les « quatre Vivants » existaient cependant probablement avant l'ère patriarcale qui a conduit à la réinterprétation de toute puissance et de toute réalisation comme pouvoir d'essence masculine. Or, le Tarot résiste à cette vision patriarcale du réel, lui qui, au contraire, met en avant le Féminin sacré comme autant de syzygies où les incarnations féminines du divin non seulement font pendant aux puissances et dieux masculins mais sont essentielles et centrales.

La position à gauche de la Danseuse, position féminine, de ce personnage ailé conduit à se souvenir de l'existence de la Vache sacrée dans toutes les cultures religieuses préhistoriques ou antiques. Ainsi, Hator, dans la mythologie égyptienne, témoigne d'un culte très ancien au sein de la religion égyptienne, remontant à plus de trois millénaires avant Jésus-Christ, et qui assimilait la Vache divine, Ahet pour les Égyptiens, à la Déesse qui portait le cercle solaire entre ses cornes, ainsi qu'à la Voie lactée dont le nom est révélateur. La vache comme animal domestique qui donne son lait est la grande nourrice de l'humanité, et il n'est pas étonnant qu'elle soit devenue le symbole de la Terre-mère nourricière, la plus ancienne expression de la Déesse, Mère divine, dont le culte fut bien antérieur au Dieu mâle monothéiste des ères patriarcales.

Quand on regarde, cependant, la symbolique qui ressort des rêves éveillés libres qu'étudie George Romey où parlent à la fois un inconscient et un surconscient peu influencés par des idéologies aussi anciennes soient-elles, on voit qu'aussi bien le Taureau que la Vache peuvent être à leur place en bas à gauche de la Danseuse au sein de l'Atout XXI, en tant que présence des expressions matérielles du Féminin sacré. Le taureau s'y fait Apis qui est lié au culte de la Lune. L'association dominante qui accompagne le taureau au sein des rêves éveillés libres est celle de la femme à la chevelure déployée, de couleur noire, symbole de l'anima. La Vache des rêves éveillés libres, de son côté, accompagne la Mère nature et la vie paisible, régulière, ainsi que la nostalgie des temps originels où la temporalité était si lente dans son évolution, qu'ils semblaient éternels. Cette vie paisible de l'enfance de l'humanité est aussi celle de l'ère de Denier, ère préhistorique et matriarcale dont l'humanité rêve encore.

Il y a enfin un lien incontestable entre la Couleur de Denier des cartes numérales et la Vache sacrée nourricière de l'humanité tout comme avec le Taureau, ce familier de la Grande Mère originelle. Tout comme ces symboles que sont les Deniers, la Vache ou Taureau sont liés à l'élément Terre, les Deniers, comme la Vache ou le Taureau sacrés manifestent le Féminin sacré ancestral, terrestre, concret, incarné, et matériel. Les Figures de Denier correspondent aux Artisans de Kiersey et représentent tous ceux qui travaillent de leurs mains pour transformer la matière et tailler un monde humain dans la nature. Ce sont aussi les agriculteurs et agricultrices, les commerçants et commerçantes, banquiers et banquières, et qui excellent à trouver des solutions concrètes aux problèmes de la vie quotidienne et qui s'investissent dans la production des biens de consommation, et dans leur commercialisation, ainsi que dans la fructification de l'argent obtenu.

Les Figures de Denier sont les Vaches du Tarot : conservatrices, lentes et travailleuses, aimant le travail des mains, le travail de la terre, le travail artisanal, et créant un monde harmonieux autour d'elle. Économes et travailleurs, les Honneurs de Denier atteignent le plus souvent leurs objectifs. Conservateurs, ils n'aiment pas le changement. Ce sont des personnalités réalistes et pragmatiques, pleines de bon sens, ayant les pieds sur terre et qui bâtissent leur univers tranquillement, mais sûrement, très conscientes de la valeur des choses.

La répartition cinq par cinq des cartes du Tarot ne fait

pas que dévoiler la quintessence invisible des Cours. Elle nous permet de voir une correspondance harmonique entre Couleurs et Atouts car elle répartit les Atouts en quatre Niveaux qui ont une signification symbolique globale qui fait écho aux Couleurs du Tarot.

Le premier Niveau des Atouts, constitué du Bateleur, de la Papesse, de L'Impératrice, de L'Empereur et du Pape représente la famille archétypale humaine. Il incarne cette vérité évidente que l'enfant humain ne peut exister seul et a besoin d'une famille et particulièrement de ses parents pour le faire naître, le nourrir, le protéger, et l'élever. Cette parentalité a des figures multiples et intervient dans la vie de l'enfant, en suivant un l'ordre précis.

À notre connaissance, seul Jean-Claude Flornoy a su saisir cet archétype de la Famille initiale qui s'inscrit dans les cinq premières cartes des Atouts en partant du Bateleur. Il appelle cet ensemble « le temps de l'enfance ». Dans ce temps de l'enfance, un Bateleur joueur incarne les potentialités et l'énergie de départ qui existent en chaque petit être humain, mais aussi en chaque projet, chaque œuvre, chaque construction de la vie humaine. La Papesse représente selon Jean-Claude Flornoy la grand-mère qui garde l'enfant pendant que les parents travaillent ; quand pour lui L'Impératrice est la mère, L'Empereur le père, et Le Pape, le grand-père.

Il n'est pas nécessaire, cependant, d'enfermer les Atouts familiaux qui suivent Le Bateleur dans ces rôles restreints, disons plutôt qu'ils incarnent des figures différentes et nécessaires de la parentalité, et qui interviennent à des moments précis du développement de l'enfant. L'enfant (ou tout autre forme du nouveau), affirme le Tarot, ne se réalise dans son humanité singulière, que porté et encadré par une suite parentale précise. Il y a tout d'abord la mère gestratrice et fusionnelle des premiers mois que représente La Papesse. Placée à côté du Bateleur, elle est entièrement tournée vers lui, elle l'enveloppe sous ses voiles, et il reste entièrement dans son ventre ou sous ses jupes. Selon Winnicott, cette mère fusionnelle des premiers mois doit être suffisamment poreuse psychiquement au psychisme du nouveau-né pour sentir ce dont il a besoin, presque par un lien télépathique. Car le nouveau-né ne parle pas et ne peut exprimer ses nombreux besoins que par des pleurs. Avoir eu une mère suffisamment intuitive et fusionnelle rend l'enfant apte à en introjecter la fonction, capable, ensuite et pour tout le reste de sa vie, de prendre soin de soi.

Puis, L'Impératrice, ce second visage de la mère humaine, confronte l'enfant à la triangularité. Le type de mère que représente l'Impératrice est en effet en plus de la mère de l'enfant, la mère éventuelle d'autres enfants, et elle est femme aussi, épouse de l'Empereur ou son amante, et encore une femme investie dans la société. Elle n'est donc plus entièrement tournée vers l'enfant, comme elle le fut aux premiers mois de sa vie, elle a retrouvé la diversité de ses centres d'intérêt. Faisant place, dans son esprit, son cœur et sa vie, aux frères et sœurs mais aussi au père de son enfant, elle les lie les uns aux autres, au sein d'une relation parent-enfant qui se triangularise et fait advenir le temps œdipien de l'enfance, mais aussi le temps de la rivalité des fratries.

L'Empereur, entièrement tourné vers L'Impératrice, est « le père qui fait obstacle au corps de la mère » pour citer Lacan. Il est le premier père séparateur au sens où il défusionne la mère et l'enfant. Il est aussi celui qui impose à l'enfant les règles de la vie en commun, et l'intégration des limites à l'enfant sans laquelle la vie sociale ne serait pas possible. C'est Freud qui explique la construction psychique du surmoi par introjection de cette figure paternelle : le temps de L'Empereur est le temps de la construction du Surmoi. L'Empereur est, pour l'enfant, le Père tribal, ainsi que le père du nom qui se transmet, le père de la loi, de l'ordre et des limites à respecter, le père protecteur et le père des frontières bien gardées.

Mais, à cela ne s'arrête pas le rôle du père. Il doit y avoir un autre père après le Père tribal et territorial : le père de la Loi et de l'autorité. Tout enfant a besoin d'un père plus tendre, et c'est pourquoi, doit intervenir alors le père socratique, que figure, dans le Tarot, Le Pape, qui insuffle à l'enfant la force de s'autonomiser. Le Pape représente un type de père qui, par son amour, sa patience, sa foi en l'enfant, et par ses encouragements bénit l'enfant, renforce toutes ses assises psychologiques, et lui donne la force de s'autonomiser et de s'individualiser. Le Pape confronte l'enfant à une première sociabilité qui, dans le monde moderne, s'apprend à l'école. De sa main gauche, la main du cœur, il montre en effet le chemin de l'émancipation en affirmant la confiance qu'il place en l'enfant. Les pères socratiques modernes ont ainsi les mots qu'il faut pour supporter cette autonomie de l'enfant : « tu peux y arriver », « je serais toujours là si tu as besoin de moi », « fais-toi confiance »…

Il peut sembler surprenant que le déroulé de l'enfance et les relations de l'enfant aux parents que représente le premier Niveau des Atouts suivent le fil historique mis à jour au XXe siècle seulement par les psychanalystes dont Freud, Winnicott et Lacan, mais n'oublions pas que l'intuition humaine, dans sa saisie de la vérité universelle, a des fulgurances qui court-circuitent des siècles de recherches ; dans le Tarot c'est ce qu'incarne Le Mat : ce génie intuitif qui saute jusqu'au Monde d'un seul bond.

Puisque tout ce qui existe procède des mêmes lois universelles qui organisent la réalité du monde, ce qui est vrai de l'enfant et de son développement psychique est vrai de toute expression du nouveau quelle que soit la forme dans laquelle il s'incarne. Ainsi, pour prendre un autre exemple – celui de l'écriture d'une œuvre – le Tarot nous dit que celle-ci ne peut pas exister dans sa spécificité, et ne parviendra pas jusqu'à la scène sociale si elle n'est pas conçue d'abord dans le secret de l'âme créatrice, ce que représente le temps de l'imagination et de la réflexion propre à La Papesse. Puis, elle naît une première fois, dans une sphère intime, sous la houlette de L'Impératrice qui lui donne sa première forme concrète par l'écriture du manuscrit. Et puisque l'œuvre doit rencontrer des limites qui sont celles qui lui permettront une existence sociale, elle se confronte au regard aimant et critique à la fois de L'Empereur, premier lecteur et peut-être aussi premier censeur, critique familial ou amical. On peut aussi imaginer que L'Impératrice représente l'égérie du créateur qui, cette fois s'incarne en L'Empereur, en tant que ce dernier donne alors sa forme concrète à l'œuvre. Quoi qu'il en soit, pour atteindre son public et entrer sur le marché des lecteurs, l'œuvre doit passer entre les mains d'un éditeur qui en est en quelque sorte le père spirituel qu'incarne Le Pape.

La psychanalyse a permis de comprendre à quel point le manque d'une des quatre formes de parentalité suffit à perturber le mental de l'enfant et met en risque son équilibre psychique, ce que traduit le Tarot par la proximité du Mat avec le premier Niveau, car Le Mat est aussi l'Atout de la folie, de la schizophrénie, de la psychose et de la paranoïa.

Si tout va bien, cependant, l'enfant porté par la confiance du père socratique suit le mouvement d'émancipation à laquelle l'invite la main du Pape, et pourra s'élancer hors de la première communauté qu'est la famille pour découvrir le commencement de la vie sociale, franchissant alors le seuil qui le mène au second Niveau.

Cette intuition du Tarot qui affirme la nécessité d'une relation de l'enfant avec deux types fondamentaux de Mères : La Papesse fusionnelle et L'Impératrice créatrice et triangulaire, ainsi que de deux types fondamentaux de Pères : L'Empereur des limites, de la loi et des frontières, et Le Pape de la confiance et de l'émancipation, ne doit pas inquiéter les parents d'une famille monoparentale ni donner du grain à moudre aux violences verbales des traditionalistes exacerbés face aux revendications des LGTB. En réalité chaque parent tend à être chacune de ces quatre Figures essentielles de la parentalité qui, cependant, pourra trouver aussi dans un oncle ou dans un ou une ami(e) de la mère ou du père biologique ou adoptif, le complément qui éventuellement manquerait à la relation parentale familiale. Le Tarot décompose simplement les besoins de l'enfance et les rôles parentaux qui peuvent les satisfaire.

Le premier Niveau du Tarot est dans une relation de ressemblance avec les Deniers tout comme avec la Vache de l'Atout XXI, parce que la famille intériorisée en premier corps psychique de l'enfant lui accorde ses premiers acquis et sa première identité concrète, ainsi que toutes les expressions matérielles de cette identité : la langue, les coutumes, le style vestimentaire, etc. La famille est la racine mais aussi l'enveloppe concrète de la personnalité psychique humaine, comme la Couleur de Denier en exprime les enveloppes matérielles et caractérologique.

Bâtons, Lion ailé et deuxième Niveau des Atouts

La seconde couleur du Tarot est représentée par le Bâton qui, par sa nature pyrogène, est lié à l'élément Feu qui incarne, en l'être humain ainsi qu'en ses manifestations, l'énergie fondamentale de la libido, en tant que puissance pulsionnelle, de nature sexuelle d'abord, mais aussi racine de toutes les expressions de l'enthousiasme, de la force, du dynamisme, et du charisme, du fair-play, du bonheur sportif, de la joie pure du mouvement qui suit l'impulsion du moment.

XXI
LE MONDE
XVI
LA·MAISON·DIEV
XVII
LE TOILLE
XVIII
LA·LUNE
XVIIII
LE SOLEIL
XX
LE·JUGEMENT
XI
LA·FORCE
XII
LE PENDU
XIII
XIIII
TEMPERANCE
XV
LE·DIABLE
VI
LAMOVREVX
VII
LE CHARIOT
LA JUSTICE
VIIII
L'HERMITE
X
LA·ROVE·DE·FORTVNE
I
LE·BATELEUR
II
LA·PAPESSE
III
LIMPERATRICE
IIII
L'EMPEREUR
V
LE·PAPE
LE·MAT

Tarot de Nicolas Conver des Éd. Yves Reynaud :
https://www.tarot-de-marseille-heritage.com/contact.html

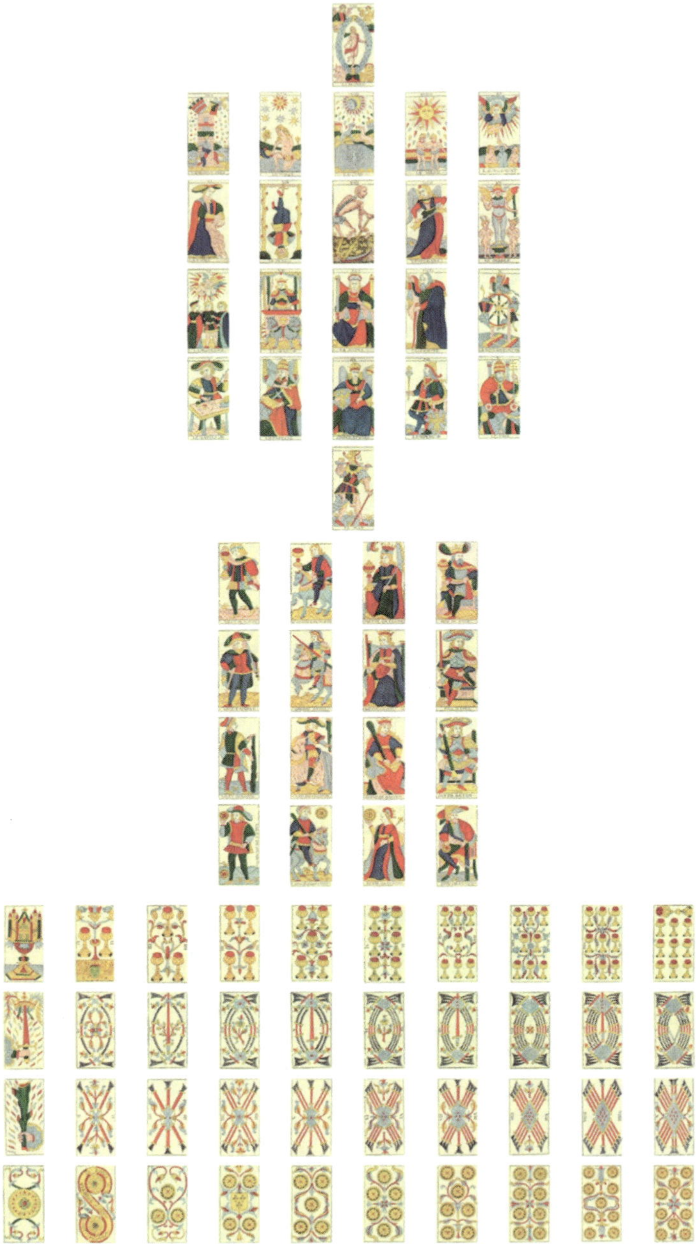

L'élément Feu qui, au sein des Nombres et des cartes de Cour, est associé aux Bâtons a pour propriété le Chaud qui est actif, émissif et masculin, et le Sec qui sépare, divise jusqu'au détail et conduit au repliement sur soi, mais aussi à l'affirmation propre, et dès lors à l'individuation. Les Bâtons et le Feu partagent le Chaud avec les Épées et l'Air qui relèvent de la mâlitude qui émet et projette son être hors de soi, tandis qu'ils partagent le Sec avec les Deniers, étant, avec eux, tournés vers l'individuation, mais aussi le conservatisme et le traditionalisme.

Le Feu qui se manifeste dans les Bâtons est toujours en action, visant l'extériorisation de ses impulsions. Il possède une volonté implacable. Il s'incarne principalement au sein de la vie en société et dans les actes de défense, de commandement, et de règlement. La couleur de Bâton dirige et organise, elle renvoie à l'encadrement de la société, mais aussi aux notions de domination et d'abus de pouvoir, et donc aux tyrannies.

Les Bâtons sont en outre des explorateurs. Ils représentent l'amour de l'étranger, et le bonheur des aventures géographique. Le dynamisme des Bâtons se traduit alors par un étonnant mélange de conservatisme et d'un goût certain pour l'exotisme. La conquête en est l'expression naturelle : les Bâtons aiment aller ailleurs pour imposer leur manière d'être et de faire, afin de dominer de nouveaux horizons.

Au sein de l'Atout XXI, le Feu des Bâtons est représenté par le lion, animal noble par excellence et même royal, et qui est en lien avec la lumière du jour. Le lion renvoie en effet au soleil par la ressemblance de sa crinière avec le rayonnement solaire.

Les Bâtons comme le lion du Monde incarnent la Mâlitude sacrée de la Terre des Nombres et des Cours, et c'est pourquoi, le lion de l'Atout XXI est en bas de la carte, à droite, place de la mâlitude terrestre. Il fait pendant à la Vache sacrée sa compagne, qui est elle, en bas à gauche, incarnant le féminin sacré terrestre.

Lorsque le lion apparaît dans les rêves éveillés libres, c'est à la fois, affirme Georges Romey, comme source inépuisable d'énergie et symbole de l'animus, le versant masculin et paternel de l'âme humaine.

Les Figures de Bâton sont les « gardiens » des sociétés humaines. Ils manifestent une habileté logistique. Ils ont le sens des responsabilités, et font respecter les règles de la vie sociale et politique dans l'ensemble de la communauté. Ce sont les hommes politiques, les chefs de l'industrie, les policiers, gendarmes et soldats, mais aussi les sportifs et les explorateurs qui partent à la découverte de nouveaux horizons. Les Figures de Bâton sont les lions du Tarot, impulsifs, enthousiastes, énergiques, dominateurs, généreux ; ils sont des leaders nés, sûrs d'eux, ayant une grande confiance en soi, charismatiques, et parfois dominateurs qui s'imposent aux autres et imposent leur manière de voir les choses. Ce sont aussi des champions et championnes, des chevaliers et guerrières, des sportifs et sportives, des explorateurs et des exploratrices, et tous ceux et celles qui protègent les plus faibles et se battent pour leurs idéaux.

Le second Niveau des Atouts qui est en correspondance avec la Couleur de Bâton et le lion de l'Atout XXI est inauguré par L'Amoureux, car, comme le remarque encore à bon droit Jean-Claude Flornoy, c'est le fait de tomber amoureux qui permet à l'individu de se détacher de la première communauté et de ses valeurs, de ses habitudes, mais aussi de ses limitations pour trouver la force de s'élancer dans le monde plus grand de la société, afin que se tissent de nouvelles relations et de nouvelles identités.

Cette énergie érotique est représentée, dans l'Atout VI, par le petit éros rayonnant aux flèches. Éros est, selon Platon, le type d'amour qui s'allie à l'enthousiasme sans lequel rien d'important ne pourrait s'accomplir. Cette énergie passionnelle qui oriente les Bâtons rencontre encore, dans L'Amoureux, l'opposition conservatrice que représente l'influence antérieure de la famille, représentée sur la carte par la femme mûre à gauche du jeune homme. Mais la flèche d'éros l'oriente magnétiquement vers la jeune fille placée à sa droite qui représente l'avenir et l'inconnu.

L'énergie érotique est puissante, et bientôt sous la figure du Chariot, elle confronte l'aspirant au désir de rencontrer les autres, les étrangers, et le mène à l'exploration du monde, à la découverte et aux conquêtes.

Cette passion prend ensuite la forme d'un idéal qui ne peut s'accomplir sans elle, celui de la justice avec l'Atout VIII, tout comme l'amour de la vérité et la passion de la transmission orientent L'Hermite et lui permet d'affronter les pièges du conformisme qui représentent le deuxième seuil des Atouts, celui de la sphinge qui siège au sein de La Roue de Fortune.

Les Nombres et Figures de Denier sont en relations harmoniques avec le deuxième Niveau des Atouts, que Jean Claude Flornoy appelle « le temps de l'apprentissage », parce qu'il met en scène les principales fonctions qui se jouent dans la société ainsi que les différents âges qu'y vivent les êtres humains dans l'apprentissage, l'exercice puis la transmission de leur métier.

Le Tarot nous présente d'abord la vie étudiante avec l'indécis Amoureux qui hésite entre d'une part la voie de la répétition et du confort que représente la reprise de la tradition professionnelle familiale et d'autre part la voie de ses passions qui l'obligerait à rompre avec la première pour suivre un nouvel apprentissage, peut-être artistique. Puis, c'est l'exploration de nouveaux horizons et la conquête de marchés, au sein d'un univers professionnel abordé avec énergie et succès par le jeune Chariot. Puis l'Atout VIII présente le monde adulte qui se déploie comme monde administratif, judiciaire et juridique sans lesquels aucune société ne saurait exister. Enfin interviennent, avec l'Atout VIIII, les métiers de recherche et d'enseignement qui transmettent tous les acquis d'expérience et de culture. Pour finir, l'Atout X présente toute une panoplie de métiers plus marginaux, de démonstrations et de divertissements, notamment ceux du dressage d'animaux, de cirque donc, de foire, de jeux d'argent et de chance.

Ce que nous indique, en outre, cet Atout X, c'est la nécessité de ne pas se perdre dans cette identification au rôle joué en société, et c'est pourquoi, la roue du temps et de la fortune qu'il représente est surplombée par une sphinge qui interroge l'aspirant sur ce qu'est un être humain véritable. Si, nouvel Œdipe, il sait résoudre l'énigme qu'elle lui oppose, l'aspirant pourra alors s'élever au Niveau suivant, où les épreuves ne seront plus seulement des moments de malheur et de souffrance, mais autant d'occasions de construire en soi les Vertus qui seront les portes du Ciel des Atouts qui s'ouvre au troisième Niveau.

Ce Feu qui règne dans le deuxième Niveau des Atouts et qui se manifeste par la puissance d'Éros, le petit ange des amours, est en relation harmonique avec les Bâtons, qui tous renvoient aux questions et expressions proprement sociales et politiques, et dès lors à l'exercice du métier et à la transmission des savoirs professionnels ainsi qu'à l'identification aux rôles sociaux que Jung appelle la « persona ».

Épées, Aigle et troisième Niveau des Atouts

La troisième Couleur du Tarot c'est l'Épée, qui est en relation harmonique avec l'élément fondamental Air. L'Air est Chaud et Humide selon Empédocle. Par sa chaleur, qu'il partage avec le Feu, l'Air est actif, émissif et masculin. Par l'humidité, qu'il partage avec l'élément Eau, il relève d'un processus de communication, d'ouverture, de liaison, d'union, de synthèse, et de globalisation. Par sa nature à la fois chaude et sèche, l'Air des Épées est d'une grande mobilité, d'une grande souplesse. Il s'incarne dès lors dans la vie intellectuelle des Épées, mais aussi dans la souffrance mentale que font naître les événements difficiles de la vie humaine, ceux qui nous tombent dessus et face auxquels chacun doit se construire dans sa sagesse propre. L'Air transforme le vécu en expérience transmissible.

Les Nombres d'Épée renvoient dès lors aux états d'esprit, à la compréhension, à la lucidité, à la ruse, mais aussi aux troubles mentaux, aux angoisses, aux déceptions, aux trahisons, à toutes les souffrances et épreuves de la vie dont la maladie, le deuil, et à toutes les formes de la rencontre avec la mort. Mais, dans un sens moins éprouvant, elles incarnent les idées, les constructions mentales, les idéologies, les théories, la recherche intellectuelle et scientifique, la mentalisation, et encore la compréhension profonde et la sagesse qui en découle.

Au sein de l'Atout XXI, cette Couleur d'Épée et cet élément Air sont incarnés par l'Aigle royal, l'animal qui s'élève jusqu'au Ciel et sait regarder le soleil. Aussi, cet animal hautement symbolique est-il souvent lié aux notions de conscience et de lucidité. Lorsque l'Aigle apparaît dans les rêves éveillés libres, c'est toujours en effet pour signaler un accroissement de conscience. Il est, nous dit, Georges Romey « le guide sur le chemin de l'accomplissement ». Mais cette lucidité et cette sagesse ont un prix, en l'humanité, elles adviennent rarement sans épreuves et sans la capacité de transformer ces épreuves en expériences qui fondent la sagesse humaine.

Les Figures d'Épée sont les « rationnels » du Tarot et procèdent d'une habileté stratégique. Ils sont doués pour la conceptualisation et pour l'abstraction. Ils comprennent la réalité du monde visible et invisible, et traduisent leur compréhension en mots la rendant accessible à tous. Ce sont les intellectuels de la société humaine, les chercheurs, les scientifiques, les enseignants, les écrivains, et les juges, mais aussi les législateurs, les juges, et les chirurgiens. Les Figures d'Épée sont les Aigles du Tarot qui font preuve d'une sagesse peu commune et d'une intelligence remarquable qui mentalisent la réalité pour la mettre à distance des émotions.

Ce sont souvent des personnalités ayant connu des épreuves dans leur vie passée et qui, de ce fait, sont parties en quête du savoir et même de la vérité. Peu patients avec les esprits lents et ceux qui manquent d'authenticité, les Figures d'Épée obligent leurs interlocuteurs à progresser sur un chemin de vérité, tout comme elles sont toujours de bons conseils, si toutefois ces Figures de souffrance ne se développent pas dans les aspects plus sombres de la mentalisation ce qui ferait d'elles, les Figures de la ruse, de la manipulation et du mensonge ou celles de la rumination mentale.

Le troisième Niveau des Atouts que Jean-Claude Flornoy appelle « temps du compagnonnage » est en relation harmonique avec les Épées, l'élément Air, ainsi qu'avec l'Aigle dans l'Atout XXI. C'est le Niveau des grandes épreuves de la Vie où l'être humain apprend à transmuter la souffrance en grandes Vertus. Ce troisième Niveau commence avec La Force qui nous confronte à la violence et la tyrannie, mais qui construit aussi, en chacun, le courage et la parfaite maîtrise de soi ; Le Pendu nous place dans des situations où tout est bloqué, hormis la verticalité de la prière et de la méditation qui enracinent alors un de nos pieds dans le Ciel ; la mort de l'Atout XIII nous enlève tout ce qui nous est cher et cultive en nous le détachement, Tempérance nous confronte à l'un des plus puissants obstacles spirituels, celui de l'angélisme et des excès de l'idéalisme, dont Krisnamurti affirmait la possible brutalité, tout comme ils creusent, aussi, en chacun et par contraste, plus de réalisme et de pragmatisme, ainsi que la capacité de faire les compromis nécessaires à toute vie réelle. Tempérance incarne le long temps de l'errance dans ce langage des oisons propres aux alchimistes, et l'on comprend alors pourquoi l'article a disparu : rien peut-être n'attache et n'aliène plus l'être humain que l'idéologie, surtout quand elle prend le visage de la croyance religieuse.

Enfin Le Diable révèle toutes nos dépendances et addictions, mais nous rend aussi lucides que possible sur la réalité du monde et sur la méchanceté qui y règne, y compris en nous-mêmes, ainsi que sur la nature, souvent purement égoïste, de nos relations. Mais cette lucidité s'accompagne alors d'une déréliction douloureuse, dans les doutes qui s'affirment, si bien que ces doutes se transforment en un appel vers le Ciel. C'est pourquoi la confrontation au Diable est la condition nécessaire pour franchir le troisième seuil des Atouts : ce qui permet à l'Aspirant de s'élever jusqu'au quatrième Niveau – Niveau cosmique – des Atouts.

Coupes, Ange et quatrième Niveau d'Atouts

La couleur féminine de Coupe, en lien avec l'élément Eau, est la dernière et la plus élevée des Couleurs. L'Eau comme élément fondamental se caractérise par le Froid et l'Humide. Comme la Terre, l'Eau est froide, c'est-à-dire réceptive et féminine, et comme l'Air, elle est humide, c'est-à-dire fusionnelle dans son fonctionnement, destinée à la communication, à la compréhension, à la compassion. L'Eau, dans sa double dimension, tend en effet toujours à une union, une liaison, à une ouverture sur la synthèse, sur le collectif, et même sur la totalité. L'Eau est en outre, un élément souple, expression de la détente et de l'apaisement, tout comme de la consolation, de la réconciliation, du pardon, de l'amour fusionnel et respectueux à la fois.

Si cette Couleur de Coupe parle de l'eau de la terre que sont les sentiments et les émotions ainsi que de la vie affective dans son ensemble, elle renvoie surtout à l'Eau du Ciel c'est-à-dire à l'intuition qui est supérieure à l'intelligence et à la mentalisation représentée par l'Air, les Épées, et l'Aigle. L'Eau du Tarot est celle de la médiumnité, de l'inspiration artistique et de la créativité sous toutes ses formes, mais aussi l'amour du prochain mis en avant par l'enseignement de Jésus de Nazareth et dont le philosophe Kant a exploré les conditions qui se trouvent dans une décision intérieure et non dans un éprouvé qui se subit, et qui se traduit dans le pardon, la réconciliation, et toutes les formes de dépassement de la dualité.

La Couleur de Coupe est en lien avec l'Ange de l'Atout XXI. L'Ange représente un être céleste, l'intermédiaire entre le divin et le monde, le messager, le guérisseur miraculeux, le protecteur. C'est lui qui désigne le sacré. Certains cependant voient dans cet ange de l'Atout XXI, l'humanité véritablement réalisée par sa connexion tout à la fois à la Terre et au Ciel. C'est en ce sens que Jésus de Nazareth, l'un des premiers individus de l'histoire de l'humanité, dit de lui-même qu'il est « le fils de l'homme ». Il est l'enfant bleu qui, dans le Tarot, naît dans l'Atout XX. L'être humain divinisé est alors véritablement créatif, en étant conjointement l'enfant du Ciel et de la Terre. Jésus de Nazareth est le fils de l'homme, parce qu'il incarne le premier individu d'une humanité spirituelle né de l'humanité terrestre.

Dans le *Dictionnaire de la symbolique* qui restitue les symboles tels qu'ils se vivent dans les rêves éveillés libres, Georges Romey note le lien intrinsèque entre l'ange qui apparaît dans les rêves et l'amour maternel. Voir l'ange, c'est dit-il revenir à la mère de notre histoire personnelle, et ce retour nous lie à la Mère divine qui nous berce et nous console, et qui, universellement, se traduit dans les rêves éveillés libres, et cela quelle que soit la confession ou l'absence de confession du rêveur, dans l'image onirique de la Vierge Marie qui en est l'une des expressions les plus belles, elle qui symbolise la mère absolue, étant mère sans époux et sans amant, mère uniquement mère de l'enfant unique. C'est donc de manière très légitime que l'Ange se situe en haut à gauche de la Danseuse du Monde : c'est le symbole du Féminin sacré céleste, comme la Vache sacrée est celle du Féminin sacré terrestre.

Au sein des cartes numérales, les Coupes sont liées au quatrième Niveau des Atouts. Elles parlent en effet de toutes les formes d'amour et d'inspiration recueillies du Ciel pour les verser sur la terre. Elles renvoient à l'amour des amoureux, à celui des parents pour l'enfant, à l'amour fraternel et à la sororité, à l'authentique et fidèle amitié, mais aussi aux aventures malheureuses de l'amour, à la déception amoureuse, à la trahison amicale, et encore aux formes les plus élevées de l'amour quand il devient inconditionnel, sacrificiel ou christique, cet amour du prochain enseigné par Jésus de Nazareth, miroir de l'amour divin. Les Coupes parlent aussi de toutes les formes de créations nées de l'inspiration, qu'elles soient religieuses ou artistiques. Et elles symbolisent, enfin et peut-être surtout, la ritualisation de la relation intuitive et mystique au divin.

Les Figures de Coupe possèdent, pour suivre David Kiersey, une « habileté diplomatique ». Elles ont une grande capacité empathique et compréhensive. Elles se mettent aisément à la place des autres, tout comme elles sont inspirées, et ont des intuitions remarquables. Les Figures de Coupes travaillent à l'amélioration des relations humaines tout comme à l'union du Ciel et de la Terre. Au sein des sociétés traditionnelles, ce sont tous les inspirés mais aussi les compassionnels : les artistes, les soignants, les religieux, les prêtres et prêtresses.

Les Figures de Coupe sont les Anges du Tarot qui prennent soin des autres, et veillent à faire descendre le Ciel jusqu'à la Terre.

Le quatrième Niveau des Atouts que Jean Claude Flornoy appelle « temps de la maîtrise » et du « chef-d'œuvre » s'ouvre sur la Tour ouverte de l'Atout XVI appelé « La Maison-Dieu ». Bien que, dès le XVIe siècle, on voit des interprétations très négatives de cet Atout par la présentation d'une Tour en ruine foudroyée par la puissance vengeresse du Ciel, comme on peut le voir dans la première des trois Feuilles non coupées de la collection Rosenwald conservées à la Galerie nationale de Washington, cet Atout XVI qui ouvre sur les Atouts cosmiques est en réalité d'une très grande positivité : il incarne la transmutation de la pierre en plume, l'ouverture des constructions mentales idéologiques et sociales à une authentique et universelle spiritualité, le dépassement donc de toute forme d'enfermement et de construction rigide, y compris et peut-être surtout religieuses, pour devenir l'expression d'une rosée spirituelle multicolore répandue partout sur la terre.

Rappelons que le Nombre seize se trouve dans les premiers chiffres du nombre d'Or qui est, pour les humanistes de la Renaissance, la clé de la créativité tant naturelle qu'humaine lorsque cette dernière opère dans la géométrie sacrée (phi est égal à 1,618). Est-ce la raison pour laquelle Éliphas Lévi donne au seize une signification très positive, lui qui prend essentiellement appui, comme nous l'avons vu, sur le Tarot pour découvrir le sens des Nombres et des Lettres hébraïques ? Voici ce qu'il dit dans son étude des Nombres sacrés dans *La Clé des grands mystères*, publiée en 1861 :
Seize est le nombre du temple. / Disons que ce sera le temple de l'avenir. / Lorsque l'esprit d'intelligence et d'amour se sera révélé, toute la trinité se manifestera dans sa vérité et dans sa gloire./ L'humanité devenue reine et comme ressuscitée aura la grâce de l'enfance dans sa poésie, la vigueur de la jeunesse

dans sa raison et la sagesse de l'âge mûr dans ses œuvres./ Toutes les formes qu'a successivement revêtues la pensée divine, renaîtront immortelles et parfaites. Tous les traits qu'avait esquissés l'art successif des nations se réuniront et formeront l'image complète de Dieu.

Le disciple qui avance sur chaque Niveau doit incarner, Atout après Atout, la puissance qui se trouve dans le premier Atout de ce Niveau. Tout de même que le Nouveau qu'incarne Le Bateleur accompagne et donne sens aux Atouts du premier Niveau, que la Passion inspirée de l'Amoureux s'incarne dans ceux du deuxième Niveau, et que la Maîtrise de soi qu'incarne La Force est requise, dans tous les Atouts du troisième Niveau, la verticalisation et l'enracinement dans le Ciel que met en scène l'Atout XVI ainsi que l'ouverture spirituelle que manifeste la tour ouverte de La Maison Dieu sont ce qui permet à l'humanité d'absorber les émanations célestes qui tombent en pluie dans tous les Atouts cosmiques jusqu'à l'Atout XX où apparaît l'être humain bleu, fait à la fois de chair et de Ciel, enfant aimé de la Terre (la mère) et du Ciel (le père), apte à entendre le message angélique.

Mais les Atout XVII (L'Étoile) et XX (Le Jugement) sont-ils bien cette expression de l'exsudation du Ciel dont les émanations subtiles, énergétiques et mystiques se répandent sur la Terre que nous affirmons propre à tout ce quatrième Niveau ? La musique céleste jouée par l'Ange du Jugement est une des manifestations de l'Eau cosmique que répand le quatrième Niveau des Atouts. Et pour L'Étoile, il suffit de lire le compte rendu que fait Georges Romey des rêves éveillés libres pour comprendre que cet Atout est l'image archétypale du chant silencieux des étoiles.

Dans les images oniriques, le ciel étoilé ne se confond pas avec l'étoile. Ce sont donc deux symboles et non un seul que réunit l'Atout XVII. Le ciel étoilé qui s'associe à la nuit bleue « est un vaste manteau de mystère » explique Georges Romey et, en s'offrant à la contemplation, ce ciel étoilé ouvre la porte de pierre dont le franchissement met fin à la volonté de contrôle. S'élève alors, au sein des images oniriques, et dans le silence de la nuit bleue, une musique céleste, la plus délicieuse des musiques, celle des sphères. Le ciel étoilé ouvre l'âme humaine à une relation intuitive au monde par laquelle s'élève en chacun, la foi en son devenir que, cette fois, représente l'étoile isolée. Le Ciel étoilé rétablit donc « un rapport de confiance avec le Mystère », « il rend l'être à la simplicité » en lui « ouvrant la porte de la liberté », une liberté acquise dans l'Atout XVI. L'image de l'étoile isolée, quant à elle, symbolise « l'acceptation de l'imprévisible devenir, l'abandon des réflexes exacerbés de volonté de maîtrise du destin » que la tour de pierres représenterait, au sein de l'Atout précédent, sans cette ouverture à l'éclair de la plume.

Le quatrième Niveau des Atouts est donc bien celui des bénédictions divines qui tombent en pluie de lumière sur la Terre et chants et musiques multicolores. En ce sens, les Atouts de ce Niveau ont tous une connotation radicalement positive. Ils annoncent que l'humanité bleue qui apparaît à la fin du Niveau est celle qui chantera sa joie pure par de magnifiques Actions de grâce. Elle sera celle qui s'émerveille face à la pluie de bénédictions qui, sans cesse, de la part de la Mère divine et du Père céleste, se déversent sur une humanité qui ne cesse dès lors d'exprimer sa gratitude.

Autant le troisième Niveau des Atouts est difficile et austère car il creuse l'ouverture au Ciel par une suite d'épreuves, autant le quatrième Niveau représente le bonheur infini et l'allégresse d'une humanité pleinement reliée au Ciel, devenue un ensemble de Coupes généreuses parce que remplies de la confiance qu'accorde seulement la certitude de recevoir l'amour du divin.

Le Tarot, tel qu'il apparaît par une distribution des cartes cinq par cinq, manifeste de multiples manières, cette vérité dévoilée par la Table d'Émeraude que ce qui est en haut est semblable à ce qui est en bas, et vice-versa. Tout se passe donc comme si les créateurs du Tarot, hermétistes et alchimistes et adepte de la géométrie sacrée, avaient eu une intuition holographique du réel, car chaque partie du Tarot que sont les cartes, mais aussi les différents niveaux d'organisation à l'intérieur de ces trois ensembles que sont les Atouts, les Cours et les cartes numérales rejouent, en miroir et par ressemblance et relations harmoniques, les divisions propres à la totalité de l'image.

Aussi, il ne faut pas s'étonner, que ce jeu de miroirs se déploie encore et encore dans le Tarot, où les Atouts qui représentent le Ciel au regard de l'ensemble du Tarot, se divisent en deux parties avec un haut (les deux derniers Niveaux : le Ciel des Atouts) et un bas (les deux premiers Niveaux : la Terre des Atouts). Dans ce Ciel du Tarot que sont les Atouts, il y a donc une Terre qui met en scène deux types de communauté : la famille et la société. Et il y a un Ciel des Atouts qui s'ouvre au troisième Niveau qui transmute les épreuves de la vie en vertus, pour mettre l'être humain en relation avec le divin, ce qu'il ne sera vraiment, cependant, qu'au quatrième et dernier Niveau, celui des Atouts cosmiques.

Les deux premiers Niveaux des Atouts représentent donc à eux deux, une première totalité. Ils incarnent la Terre des Atouts, et c'est pourquoi, le gardien du seuil qu'est la sphinge de l'Atout X est particulièrement féroce et impressionnant, car le franchissement du seuil qu'il incarne ouvre la porte du Ciel des Atouts. Si cependant l'on ne sait pas résoudre l'énigme de la sphinge qui porte sur l'essence temporelle de l'être humain, alors on reste au niveau de la Terre des Atouts, où les êtres humains ne sont au fond que des animaux en habits, mécaniques, répétitifs et passifs, dans leur fonctionnement, c'est-à-dire de simples rouages de transmission des différentes déterminations familiales et sociales qui pèsent sur eux, voués à vivre dans la négativité les épreuves de la vie, incapables de les transformer en creusées de spiritualité, et de devenir des Coupes recueillant les bénédictions du Ciel.

Mais les êtres humains sont destinés à être bien plus que ces animaux en habits qui sont sur la Roue de l'Atout X. Ils doivent cependant d'abord savoir répondre à la question de l'expression temporelle d'une humanité en devenir, comme l'a fait Œdipe. Une fois qu'ils saisissent le sens de la temporalité humaine et son devenir véritable, ils seront semblables à l'Atout XI : maîtres de l'animalité pulsionnelle qui est en chacun, maîtres du lion donc. Ils pourront dès lors s'affronter au troisième Niveau des Atouts, celui des épreuves, en étant capables alors, de tirer de la souffrance, la sagesse et l'abnégation qui feront de leurs âmes des coupes ouvertes aux bénédictions du Ciel que les Atouts cosmiques du quatrième Niveau répandent sur la Terre.

XXI
LE·MONDE

X
LA·ROVE·DE·FORTVNE

VI
LA TEMPORALITÉ
ET LES ATOUTS X ET XXI

Le Tétramorphe

Puisque tout se trouve dans la carte du Monde, nécessairement le mouvement du temps y trouve place, tout comme l'éternité, ce hors temps, accompagne la Danseuse. La marche du temps se trouve dans le mouvement qui passe d'un des personnages en coin de la carte au suivant et de celui-ci au troisième, jusqu'au quatrième. Il est bien évident que ce mouvement dit tout autre chose si on fait démarrer le temps au Lion pour aller à la Vache, si on le fait s'élever à l'Ange et arriver à l'Aigle, que si on démarre à la Vache, qu'on se dirige ensuite vers le Lion et qu'on s'élève à l'Aigle pour ensuite finir à l'Ange. D'un côté, on a une lecture patriarcale du temps, de l'autre, une lecture matriarcale. Dans le premier cas, la temporalité naît d'une mâlitude terrestre et va jusqu'à une mâlitude sacrée en passant par le féminin sacré qui n'est qu'un intermédiaire, de l'autre, on part du féminin terrestre pour aller au féminin céleste en passant par la mâlitude terrestre et sacrée. La question de cette lecture du mouvement temporel qui lie les quatre personnages aux coins de l'Atout XXI naît de la confusion que provoque l'interprétation du Tarot à la lumière de la description que propose l'Apocalypse de Jean du Tétramorphe :

Le premier Vivant est comme un lion, le deuxième Vivant est comme un jeune taureau, le troisième Vivant a comme un visage d'homme, le quatrième Vivant est comme un aigle en plein vol. (Ap 4, 7). Si l'on suivait le mouvement de l'Apocalypse, c'est le lien entre le Ciel (les Atouts et leurs Niveaux) et la Terre du Tarot (les Nombres dans leur quatre Couleurs) qui disparaît. Mais le Tarot a pris ses distances avec les continuateurs de Jésus de Nazareth qui, tous, à commencer par Paul de Tarse, le vrai fondateur du christianisme, ont été infidèles à son radical féminisme.

Le Tarot est lui-même foncièrement matriarcal dans sa présentation de la marche du temps qui démarre, selon l'organisation holistique du Tarot, avec la Vache sacrée, les Deniers et le premier Niveau, familial, des Atouts et se dirige, donc, dans l'Atout XXI, de gauche à droite, et selon le mouvement naturel des écrivains en Europe pour aller au Lion, aux Bâtons et au second Niveau des Atouts. Puis, il s'élève, par l'énergie mâle, de la mâlitude terrestre incarnée par le Lion à la mâlitude céleste que représente l'Aigle et sa mentalisation du réel, tout comme des Bâtons aux Épées et du second Niveau, social, au troisième, où sont en jeu les épreuves et grandes vertus de l'humanité. Puis, la marche du temps poursuit son chemin de la droite céleste qu'incarne l'Aigle, à la gauche céleste de l'Ange, traduisant aussi l'élévation des Épées aux Coupes et du troisième au quatrième Niveau des Atouts. Si la marche normale sur le plan terrestre consiste d'aller de la gauche à la droite, il faut aller de la droite masculine à la gauche féminine sur le plan céleste. C'est avec le Féminin terrestre que naît la réalité humaine, et c'est avec le Féminin sacré qu'elle achève son évolution, en passant par la mâlitude sacrée qui seule permet l'élévation.

Il faut donc admettre que ni l'Air, ni les Épées, ni l'Aigle ne sont les expressions symboliques les plus élevées du

Tarot, contrairement à ce que de nombreux commentateurs affirment pour rester fidèles à l'Apocalypse de Jean. Ces éléments élèvent l'âme, ce que symbolise bien le propre de cet oiseau royal qu'est l'Aigle. En cela, l'Aigle, ainsi que les Épées et le troisième Niveau des Atouts – Niveau des grandes épreuves de la vie et des grandes vertus qui en sont issues – précèdent et préparent la vie spirituelle que représentent l'Ange, mais aussi l'Eau, l'un des Éléments fondamentaux, et les Coupes pour les cartes de Couleur, ainsi que l'Ange de l'Atout XXI. Les Épées du Tarot, mais aussi l'Aigle et l'Air sont en lien avec les épreuves de la vie qui ouvrent l'humanité à la spiritualité qui ne sera cependant complètement effective qu'avec les Coupes qui, seules, sont destinées à recevoir les bénédictions du Ciel sous forme d'Eau céleste et angélique.

De ce fait, le mouvement temporel qui lie les personnages du Tétramorphe dans l'Atout XXI suit une logique qui va de l'élément le plus matériel, la Terre, vers l'énergie du Feu qui en représente une forme de dématérialisation et de concentration plus subtile, mais cette énergie ensuite s'élève jusqu'à la pensée que symbolisent l'Aigle aux yeux perçants et l'Élément Air, et cette pensée elle-même doit encore s'orienter jusqu'à l'intuition de l'Eau qui n'est pas l'eau de la Terre, mais l'Eau mystique.

Il est très important de respecter ce mouvement qui heurte l'habitude patriarcale qui veut faire de la mâlitude à la fois ce qui démarre et ce qui est de plus abouti, car le Tarot dit, au contraire, que tout démarre avec la Terre et le Féminin terrestre, pour aboutir, tout en haut, dans la hiérarchie des Couleurs aux Coupes, expressions du Féminin sacré, symboles de la réceptivité (le froid) fusionnelle (l'humide), qui accueille les Eaux du Ciel sous forme de gouttes de lumière pour les mêler aux eaux de la Terre. Le Féminin enveloppe la mâlitude qui est au cœur du mouvement tarologique, mais qu'il n'initie pas et qu'il ne termine pas, les principes mâles du Tarot étant des moments nécessaires du processus qui élèvent la matière jusqu'à l'esprit, mais n'étant ni son commencement, ni son aboutissement.

Il y a cependant encore une autre raison, qui justifie ce mouvement temporel en spirale ouverte en forme de C inversé qui relie les personnages aux quatre coins du Monde, c'est le mouvement qui est en jeu dans la roue de l'Atout X, La Roue de Fortune.

L'Atout X et la diversité des temporalités qu'il présente

L'Atout X est très particulier quand on le compare aux autres Atouts : dans la Roue de Fortune, on n'a aucun être humain, simplement une grande roue qui tourne au-dessus des flots d'un fleuve et sur laquelle trois personnages sont placés : une sphinge qui surplombe la roue tenant à la main une épée, deux animaux en habit accrochés à la roue, l'un qui monte, un chien peut-être et l'autre, un singe sans doute, qui descend.

La sphinge couronnée grecque, et non le sphinx égyptien, fait face à celui qui regarde cette carte. L'élite cultivée de la Renaissance connaissait bien ce personnage qui a fait vivre à Œdipe l'une des plus importantes péripéties de son aventure. La sphinge est une gardienne du seuil, ténébreuse et violente, et ne doit pas être confondue avec le sphinx, le symbole égyptien du mystère et la figure solaire en relation avec le dieu Râ. Comme le Diable qui, dans la Verticale des V, la surplombe, la sphinge use de son pouvoir sexuel pour affaiblir ceux qu'elle désire dévorer. Comme le dieu du temps grec : Cronos qui dévorait ses enfants, elle se nourrit des jeunes hommes et adolescents de la ville de Thèbes, parce qu'ils sont incapables de répondre à la question qu'elle leur pose. Lorsqu'Œdipe arrive à Thèbes, sa ville natale, celle-ci souffre en effet d'être entre les mains de ce monstre féminin à corps de lionne et aux ailes de chauve-souris. Créon, le frère de la Reine et l'oncle d'un Œdipe qui ignore tout de ses vrais parents, a ainsi perdu son fils ; il a donc fait savoir que le vainqueur de la Sphinge deviendrait roi de Thèbes.

Voici la première des deux énigmes proposées à Œdipe : *Quel être, pourvu d'une seule voix, a d'abord quatre jambes le matin, puis deux jambes à midi, et trois jambes le soir ?* Cette première énigme confronte Œdipe à la question de la temporalité, tout comme la seconde, moins connue : *quelles sont les deux sœurs qui s'engendrent l'une l'autre ?* Les réponses d'Œdipe lui ont permis de vaincre la sphinge. C'est l'être humain en effet qui marche à quatre pattes à l'aube de sa vie, sur deux jambes en grandissant, puis en vieillissant, sur trois pattes, puisqu'il a un bâton de vieillesse. Et la réponse à la seconde question qui parle aussi de temporalité, c'est le jour et la nuit.

La présence de la sphinge n'est pas le seul élément renvoyant à la problématique du temps au sein de l'Atout X. Tout, en réalité, dans cet Atout, évoque cette problématique : il y a d'abord le flux ininterrompu du fleuve qui coule dans un sens et qui incarne une conception linéaire du temps. La roue qui semble tourner perpétuellement sur elle-même, emmenant ceux qui sont enchaînés à elle, un coup en haut, un coup en bas, symbolise la fortune faite de coups du sort parfois chanceux, souvent malheureux, mais aussi une conception cyclique du temps qui renvoie aux suites du jour et de la nuit en correspondance avec la seconde énigme que résout Œdipe, ainsi qu'aux grands cycles de la nature que sont les saisons. La Roue incarne le perpétuel Retour du même qu'on trouve dans la conception stoïcienne de l'éternel Retour qui, en tant que vision du temps, appartenait à l'Antiquité grecque avant d'être reprise par Nietzsche.

Le mouvement de cette roue a un sens qui interpelle cependant celui qui examine avec attention cette carte, car il se présente, lui aussi, de manière énigmatique : il ne tourne pas dans le sens habituel, celui qu'on trouve sur les horloges qui avaient fait leur apparition en Europe depuis déjà quelques siècles. À Milan, où le Tarot fut probablement créé, une horloge placée sur un clocher d'église sonne les heures depuis 1336. La roue du temps semble, dans l'AtoutX, tourner à contresens, ouvrant donc l'interprétation à une troisième forme de temps : le temps dégradatif. C'est cette conception qui a été privilégiée par l'un des premiers interprètes du Tarot quand il a été redécouvert par Gébelin au XVIIIe siècle : le comte de Mellet, qui lit les Atouts du Tarot comme un ensemble de trois ères successives, l'ère d'or et du bonheur étant remplacé par une ère d'argent, ère intermédiaire qui déjà engage une forme de dégradation des conditions de la vie humaine sur Terre, puis celle-ci l'est par une ère de bronze, dans laquelle nous nous nous trouverions encore. Est-ce, cependant bien ainsi que les humanistes créateurs ou créatrices du Tarot ont conçu et incarné, dans les cartes, la relation que l'humanité entretient avec le temps ?

Les trois ères du comte de Mellet

Le comte de Mellet donne une interprétation temporelle de la répartition des Atouts que fit Court de Gébelin en trois ensembles de sept cartes plus le Mat, et qu'il reprend, mais en ayant une vision dégradative expliquée comme étant celle des Égyptiens, mais qui est en réalité clairement inspirée des mythologies grecques hésiodique et hébraïque. Il y a donc, aux yeux du comte de Mellet, une première ère, dite d'or, où se déploie la Création du monde (Atout XXI), puis une explicitation des étapes essentielles de celle-ci, avec la création des astres et le bonheur édénique (Atouts XVIIII, XVIII et XVII), puis l'expulsion que représente La Maison Dieu hors du paradis désormais perdu, et enfin, avec l'Atout XV, le rôle que joue le Diable dans cette expulsion.

Les sept cartes qui suivent appartiendraient à l'ère d'argent qui marque une première dégradation exprimée principalement par l'Atout XIII qui fait entrer la mort dans l'expérience humaine du fait du péché originel – c'est la thèse d'Augustin adoptée comme dogme religieux par l'Église de Rome –,cette dégradation étant cependant ralentie par les différentes vertus de l'humanité : la tempérance avec l'Atout XIII, la prudence avec l'Atout XII, la Force avec l'Atout XI, la sagesse avec l'Atout VIIII et la justice avec l'Atout VIII.

Le dernier ensemble, propre à l'ère de fer, démarrerait avec ce foudre de guerre qu'est, aux yeux du comte de Mellet, Le Chariot, se poursuivrait avec L'Amoureux qui hésite entre la vertu et le vice, et se terminerait avec les menaces de Jupiter (Atout V), la tyrannie du roi ignorant et sa reine (Atouts IIII et III), l'idolâtrie de Junon (Atout II) et enfin avec Le Bateleur, interprété comme un illusionniste démagogue qui manipule les peuples.

Les lecteurs avertis ont reconnu le modèle sur lequel travaille le comte de Mellet : il s'agit du Tarot de Besançon où Jupiter et Junon remplacent Le Pape et La Papesse. Ce faisant, le comte de Mellet fut l'un des premiers à s'engager sur ce chemin propre aux occultistes et qui se perpétue jusqu'à nous de la transformation des cartes du Tarot de Marseille, pour recomposer un Tarot « idéal », pensé comme « plus originel » qu'un Tarot de Marseille jugé comme infidèle à une origine perdue, du fait de l'ignorance des cartiers.

Cette vision dégradative du temps qui se répartit en trois ères métalliques est, cependant, à l'opposé de l'espérance évangélique que portent les Tarots et qui met en image tous les chemins que doivent suivre les êtres humains pour faire de la Terre tout entière cet Éden que, selon l'hermétisme, l'univers attend depuis toujours et que seule l'humanité oblative peut et doit réaliser.

On ne peut donc souscrire à cette organisation temporelle en trois ères que propose le comte de Mellet, et nous allons voir que le Tarot, en accord avec son organisation holistique telle qu'elle apparaît lors de la distribution des cartes cinq par cinq, lit tout autrement l'histoire universelle du monde : à travers quatre ères, l'ère de Denier (ou de la Terre) – ère matriarcale préhistorique –, l'ère de Bâton (ou de Feu) – première ère patriarcale dominée par la force mâle qui s'étend de l'Antiquité jusqu'à la fin du Moyen Âge –, l'ère d'Épée (ou d'Air) qui est la nôtre depuis la Renaissance – deuxième ère patriarcale dominée par le savoir et les communications–, et l'ère de Coupe (ou d'Eau) que nous n'avons jamais encore connue, et devant la porte de laquelle nous nous trouvons et qui appelle à la spiritualisation du monde.

Nous ne pouvons donc pas souscrire à la vision dégradative du temps que suggère la roue de l'Atout X, le sens de cette roue ayant en réalité une autre signification.

La Roue de Fortune, gardien du seuil

C'est dans le Nombre dix (X) qui est la valeur numérique de La Roue de Fortune que se trouve la réponse au sens énigmatique de cette roue : il indique qu'un monde, le monde de la Terre et de la temporalité, est désormais entier, clos, et accompli. C'est que l'humanité n'est pas seulement destinée à rester dans un flux temporel qui mène de la vie biologique à la mort biologique, où elle subit les coups du sort, un coup en haut, un coup en bas. Elle est destinée à entrer dans l'atemporalité de l'éternité, celle où se situe la Danseuse du Monde, mais en passant par un certain nombre d'épreuves, comme au demeurant ce fut le cas pour Œdipe qui, ayant affronté le gardien du seuil de sa cité qu'était la Sphinge, a dû vivre l'épreuve de la peste, puis celle de la culpabilité qui l'ont conduit à se crever les yeux et à errer, loin de Thèbes, accompagné de sa fille Antigone. Cependant l'histoire d'Œdipe ne s'arrête pas à cette épreuve de lucidité qu'il a dû affronter. Dans *Œdipe à Colone*, Sophocle raconte comment Œdipe devint un sage, avec son bâton de pèlerin, honoré par la Grèce entière.

La Roue de Fortune ne fait donc pas qu'illustrer la temporalité qui est en jeu tout au long de ces deux premiers Niveaux, où après le temps de l'enfance qui dure tout au long du premier Niveau, le Tarot passe par les étapes de la vie, avec le temps de l'adolescence (L'Amoureux), puis celui du jeune adulte (Le Chariot), celui de la maturité (La Justice) et enfin celui de la vieillesse (L'Hermite), elle met un terme à ce cheminement de l'être humain dans le temps. La sphinge qui trône et porte une épée est la gardienne du seuil du Ciel des Atouts du Tarot qui indique que deux cas de figure sont possibles. Soit on sait répondre à la question qu'elle pose à Œdipe, et comme lui, on passera le seuil et, en l'occurrence, on changera de monde, car à partir de l'Atout XI, c'est le Ciel des Atouts qui est en jeu. Soit, on ne sait pas quel est le sens de la temporalité humaine, et alors, comme les animaux de la Roue de Fortune, on sera dans une forme de répétition de générations humaines qui repartent à zéro et ne cessent de refaire les mêmes erreurs que leurs ancêtres.

La Sphinge interroge l'être humain sur le temps pour savoir s'il est en capacité ou non de se verticaliser et de se saisir de son bâton de pouvoir qui emmène Œdipe sur les chemins de son errance et qui le conduit à la sagesse. Celui ne sait pas répondre restera identifié aux rôles familiaux et sociaux qui lui sont dévolus par la fortune, et c'est pourquoi sur la roue de l'Atout X, ce sont des animaux en habits, dont un singe, qui sont accrochés là, et non de véritables êtres humains, identifié que chacun est alors, aux rôles qu'il joue dans la société, à sa persona, ce masque social octroyé par le statut et la fonction, incapable souvent d'aller au-delà de l'imitatif. L'être humain alors n'est rien d'autre que le fils d'une famille et le membre d'une communauté sociale et culturelle. Il ne sort pas de la roue du temps. D'une certaine manière, il est dévoré par la Sphinge, car il dépense absurdement le temps de sa vie, s'il ne sait pas répondre à la question du rôle que doit jouer le temps dans l'émergence d'une humanité vraiment humaine et qui est bien plus qu'un ensemble d'identifications mécaniques en habits. L'épée de la sphinge est là pour départager ceux qui peuvent entrer dans le premier Niveau du Ciel des Atouts, le troisième Niveau, et ceux qui, perpétuellement, répètent les manières d'être de leurs ancêtres, enfermés dans la roue du temps.

L'Atout X représente le seuil qui termine la Terre des Atouts et pas seulement le second Niveau, et il propose dès lors une autre relation possible au temps que ce retour perpétuel du même qui est promis à une humanité incapable de s'élever au-dessus de l'adhésion conformiste aux valeurs familiales et de l'identification à la persona jungienne, ce masque que chacun revêt en jouant son rôle au sein de la société. Pour entrer dans le temps progressif ainsi que pour s'élever de niveau, pour acquérir les ailes de l'Aigle, ce rapace dont la Sphinge possède un des attributs majeures (à moins que ce ne soient les ailes de chauve-souris du Diable qui la surplombe dans la Verticale des V), tout comme elle possède les attributs du lion qui symbolise le second Niveau des Atouts, il faut savoir répondre aux énigmes temporelles de la Sphinge. Alors, il deviendra peut-être possible, une fois le troisième Niveau parcouru et le Diable affronté, d'avoir enfin un visage d'être humain digne de ce nom, celui-là même que possède aussi la Sphinge.

Œdipe résout les énigmes de la Sphinge, parce qu'en

rentrant en lui-même, il échappe à l'emprise hypnotique qu'elle exerce sur les autres et qui symbolise l'état de quasi-sommeil des hommes ordinaires qui restent le pur produit des identifications engagées dans l'enfance ou plus tard, des identifications aux statuts et rôles sociaux. Œdipe n'est donc pas semblable aux deux animaux de l'Atout X. Il sait répondre à la Sphinge, et peut entrer en vainqueur dans Thèbes sa vraie patrie.

Tout le monde sait quelle réponse a donné Œdipe à la première énigme : celui qui au matin marche à quatre pattes, à midi sur deux, et le soir sur trois, c'est l'homme. Mais cette réponse a une signification anthropologique qui dépasse la compréhension superficielle qu'on en a souvent. Être un être humain, c'est naître en marchant à quatre pattes, c'est-à-dire en étant un être vivant, un animal donc, comme le sont les deux personnages qui montent et descendent sur la roue de l'Atout X. L'être humain qui naît, en effet, ne possède qu'un potentiel d'humanité qui ne pourra s'éveiller que par le bain culturel que sa vie au sein d'une famille humaine lui accorde et qu'en s'identifiant à son rôle social au sein de la société, mais cela ne suffit pas.

Être un être humain c'est avoir l'obligation de grandir, de s'élever, ce que symbolise le fait de marcher sur deux jambes. Le corps de l'être humain qui se déploie dans une verticalité qui relie le Ciel par la tête, et la Terre par les pieds, manifeste le rôle particulier de l'humanité au sein de la nature : elle est destinée à la verticalisation et au sens du sacré. Mais à cela ne s'arrête pas non plus son évolution dans le temps.

L'être humain a pour rôle d'aller plus loin que d'acquérir cette verticalité, il doit aussi, à la fin de la vie, marcher sur trois jambes, en se servant d'un bâton de vieillesse, de sagesse et de pouvoir, celui-là même que possède L'Hermite. Il y a une destinée chamanique de l'humanité qui a pour rôle d'être la créatrice d'un monde spiritualisé, par la maîtrise des pouvoirs que recèlent la mantique et l'incantation magique.

Celui qui sait méditer, et entrer en lui-même pour trouver les réponses universelles que lui pose la vie humaine mais aussi la nature dans ses énigmes, quitte le monde animal même humanisé par l'habit, c'est-à-dire le monde de la Terre, explique le Tarot et l'Atout X. En sortant des premiers Niveaux des Atouts qui correspondent à la Terre des Atouts, il entre dans un Nouveau Monde, celui du Ciel et qui commence avec La Force, l'Atout qui manifeste la parfaite maîtrise de l'animalité qui est en soi.

Dès lors la Roue de Fortune n'exprime plus le simple flux du temps, pas plus que la roue perpétuelle de l'éternel retour du même, et pas non plus la temporalité dégradative d'une roue au mouvement inversé, mais impose l'idée d'un passage, d'un seuil qui peut ou non être franchi, mais qui, une fois franchi, ouvre l'humanité au Ciel et à sa propre spiritualité, engageant alors un temps véritablement progressif où les expériences humaines douloureuses ne sont pas destructrices et entropiques, mais constructives.

On comprend dès lors le mouvement de la roue sur l'Atout X. Il préfigure le mouvement particulier qui lie les quatre personnages aux coins de l'Atout XXI, dans une temporalité véritablement progressiste.

L'Atout XXI et le hors temps de la Danseuse

La roue de l'Atout X confirme qu'il y a bien un mouvement et un champ temporel qui relient les quatre personnages aux coins de l'Atout XXI : il part de la gauche en bas de la Danseuse du Monde, où l'élément Terre qui représente le féminin terrestre est symbolisé par la Vache et correspond à la Couleur de Denier tout comme au premier Niveau des Atouts, pour aller en bas à droite vers le masculin terrestre qui correspond à l'élément Feu, symbolisé par le Lion, en relation harmonique avec la couleur de Bâton et le second Niveau des Atouts, puis de là le mouvement s'élève vers le haut à droite du Monde pour rejoindre l'Aigle, en lien à l'élément Air, masculin, et qui correspond à la Couleur de l'Épée tout comme au troisième Niveau des Atouts, et enfin, de là, il rejoint en haut à gauche l'Ange qui symbolise l'élément Eau, et qui est en correspondance avec les Coupes et les Atouts cosmiques.

Le mouvement de droite à gauche n'est involutif que si l'on reste l'intérieur d'une Terre coupée du Ciel. Alors, il est vrai, la progression matérialiste va de la gauche à la droite : du féminin terrestre à la mâlitude terrestre, de la Vache au Lion, des Deniers aux Bâtons, de la Terre au Feu, du premier Niveau des Atouts, familial, au second Niveau, social et politique. Mais une fois le seuil de la sphinge passé, une fois donc le Ciel atteint ce que permettent l'Aigle et les Épées du Tarot, le mouvement de progression va de la droite à la gauche, du masculin au féminin, de l'Air à l'Eau, de l'Aigle à l'Ange, des Épées aux Coupes, et du troisième Niveau, fait d'épreuves et de vertus encore simplement humaines, au quatrième où se jouent les émanations célestes des Atouts et la capacité surhumaine à les capter pour les répandre, comme le fait L'Étoile, sur une Terre irriguée du Ciel.

La Carte du Monde n'est donc pas la reproduction d'une roue perpétuelle du temps qui n'a plus sa place à partir de La Force. Une fois arrivé à l'Ange, on ne descend pas vers la Vache dans une circularité fermée. Avec le Monde, en réalité, les temps qu'incarnent les personnages aux coins de la carte sont déjà accomplis et dépassés, et l'éternité du hors temps dans lequel se tient la Danseuse est installée. Cela signifie qu'une fois un certain stade atteint, celui des Coupes, celui de l'Ange, celui de l'Eau céleste, jamais plus l'humanité ne reviendra en arrière. Le cycle perpétuel des créations et des cataclysmes est, ici stoppé, pour toujours.

La fin des temps n'est pas la fin de l'humanité, mais la fin des transformations historiques qu'elle doit subir dans son évolution. Lorsque l'ensemble des êtres humains auront atteint la réalisation christique que manifeste la Danseuse du Monde, le temps s'arrêtera comme puissance de métamorphose et de mutations. L'éternité atteinte alors par l'humanité et par l'univers ne sera ni la perpétuité ni l'immortalité physique, mais l'entrée dans le hors temps où le passé et l'avenir sont inséparables d'un présent qui ne cesse pas et où la mort, telle qu'on la vit dans le temps, comme ce qui nous sépare des êtres que nous aimons, n'est plus. Si la musique est un pont entre le temporel et l'intemporel, la danse qui est portée par cette musique unit, dans un présent fait de grâce, la multiplicité des expressions vitales qui ne disparaissent plus dans le mouvement du temps, mais correspondent les unes avec les autres.

Le jeu de la temporalité et de l'éternité qui se joue entre La Roue de Fortune et Le Monde offre un étrange miroir plein d'intuitions qui portent sur la réalité historique, et cela à une époque où ni l'archéologie ni l'histoire ne pouvait asseoir de telles intuitions. Que nous disent en effet les Tarots sur l'histoire de l'humanité ? Qu'il y a quatre ères et non trois qui doivent être accomplies. Nous sommes à la porte de la dernière, l'ère des Coupes, nous affrontant pour cela, non à la sphinge, mais au Diable, le plus redoutable des gardiens du seuil.

VII
LES QUATRE ÈRES TAROLOGIQUES

L'ère de Denier : première ère matriarcale

L'Atout XXI qui contient tout, contient aussi l'histoire entière de l'humanité qui se déroule aux quatre coins de la carte, tout comme elle contient le hors temps de la Danseuse.

La première ère qui est représentée, dans l'Atout XXI, par la Vache sacrée en bas à gauche, c'est l'ère des civilisations lithiques de la préhistoire et qui vont du paléolithique supérieur et du mésolithique au néolithique. C'est le temps des Deniers, où la famille humaine est l'organisation sociétale essentielle, ce que représente aussi le premier Niveau des Atouts.

Ces civilisations matriarcales ont duré environ 42 000 ans et qui ont produit les premières œuvres d'art, les fameuses Vénus préhistoriques sculptées dans l'ivoire, dans la pierre tendre, ou réalisées en terre cuite, représentant, toutes, des femmes obèses ou de virginales jeunes filles. Ces œuvres d'une grande beauté plastique témoignent du raffinement des civilisations nomades ou agraires qui les ont produites où le pouvoir féminin de la vie et de la mort était l'objet d'un culte exclusif.

Dans ce très long temps matriarcal et matrilinéaire, l'humanité était faite de cueilleurs chasseurs et de cueilleuses chasseuses, puis d'agriculteurs et d'agricultrices au sein d'économies de subsistance. Les civilisations humaines étaient alors articulées autour de la Déesse-Mère dont l'archéologue Marija Gimbutas a permis la compréhension. Dans cette première civilisation préhistorique profondément écologique et pacifique, les femmes étaient éminemment respectées en tant que filles et incarnations de la Déesse-Mère féconde et féroce à la fois, semblable à la nature elle-même, dont le culte ne se distinguait pas du culte offert à la lune. Dans ce temps lointain, les lignées humaines étaient matrilinéaires. Les biens mobiles, puis les maisons et les terres que les femmes transmettaient à leurs filles leur appartenaient, les hommes vivant avec leurs sœurs et élevant leurs enfants comme les leurs.

Certaines ethnies, rares, ont traversé les millénaires en conservant les formes originelles de la relation humaine, et témoignent, de nos jours encore, de cette organisation familiale de l'humanité aux temps préhistoriques, tels sont par exemple les sociétés Moso en Chine où les femmes portent la responsabilité de la transmission des terres et des biens à leurs filles, où le culte de la Déesse organise le sens, et où les femmes et les hommes vivent la plus grande liberté dans leurs relations amoureuses, et où les enfants qui naissent appartiennent au clan de la mère.

Dans la pré-antiquité que représente l'âge de bronze, l'apparition des armes de guerre, ainsi que la domestication du cheval ont conduit à l'émergence d'une nouvelle ère qui a duré jusqu'à la Renaissance. C'est l'ère patriarcale guerrière qu'incarne, dans le Tarot, le Niveau II des Atouts, particulièrement Le Chariot, mais aussi la Couleur de Bâton et le Lion ailé de l'Atout XXI.

La force mâle guerrière des cavaliers supplante, alors, au sein des valeurs sur lesquelles repose la civilisation humaine, le pouvoir de fécondité des femmes, et de grandes invasions mettent fin à la paix qui régnait au néolithique. Les dieux mâles apparaissent et font concurrence à un ensemble de déités femelles désormais multiples et qui deviennent les parèdres féminines des dieux mâles, jusqu'à ce qu'un Dieu unique impose la disparition du polythéisme dans l'Antiquité et au Moyen Âge et l'émergence du monothéisme mâle. Des armes de guerre offensive apparaissent, et des conquêtes guerrières de cavaliers ayant appris à domestiquer le cheval font disparaître les civilisations pacifiques du néolithique fondées sur des familles et des clans, organisant alors de grands ensembles civilisationnels et culturels : des royautés et des empires phallocratiques.

Le commencement de cette ère s'enracine dans la découverte du rôle du sperme dans l'engendrement, les hommes cherchant dès lors à s'approprier le pouvoir reproducteur des femmes en les soumettant à une morale sexuelle très stricte : la virginité imposée aux filles jusqu'au mariage et le châtiment de l'adultère sont les moyens les plus importants de ce contrôle que les hommes ont commencé à exercer sur les femmes pour s'assurer de leur descendance, particulièrement de leur lignée de fils et de petits fils, héritiers du nom et des biens des pères.

Dans l'Antiquité, les dieux masculins l'emportent sur

les déesses et un roi du Ciel s'impose qui va ensuite se transformer en un dieu monothéiste. Le culte des déesses hébraïques et de ses rituels magiques sont progressivement interdits et les prêtres et prêtresses persécutés. Dans l'Antiquité hébraïque monolâtre puis monothéiste, tout comme à la Renaissance et au début des Temps modernes, des prêtresses sont brûlées en tant que sorcières pour des pratiques thérapeutiques ou divinatoires qui s'étaient perpétuées depuis la préhistoire sous l'égide du culte de la grande Déesse. C'est la seconde ère historique, celle du patriarcat des cavaliers, de la constitution des États puis des Empires, de la radicale soumission des femmes, et le temps de la persécution, de l'enfermement ou du meurtre de celles qui tentaient de résister ou manifestaient encore l'ancien pouvoir magique des femmes.

L'organisation de la société et des familles incluses dans les États politiques est profondément hiérarchique sous l'autorité des pères, ce qui va, par exemple, dans l'Empire romain, jusqu'au droit des pères de tuer leurs enfants. La femme, servante sexuelle et domestique de l'homme, apparaît essentiellement comme le ventre reproducteur des fils, les héritiers, les épouses devant quitter la maison de leur enfance pour s'installer dans la maison de leurs époux, et les filles servant aux systèmes d'alliance entre pères et époux.

Cette organisation patriarcale se traduit dans l'émergence d'un monothéisme masculin, hébraïque d'abord, puis chrétien et enfin islamique. La mère divine dont le culte est un besoin de l'âme humaine, fait cependant une réapparition au sein du monothéisme chrétien catholique, le plus souple des monothéismes, puisque trinitaire. La figure de la Vierge Marie, figure humaine d'abord, est progressivement divinisée en tant que « Théotokos », mère de Dieu, puis mère de l'humanité entière, Dame de tous les peuples, et réactive le culte de la Grande Déesse mais en laissant de côté tout l'aspect amoureux et sexuel qui était auparavant essentiel à ses manifestations. La déesse Mère divine est revenue progressivement sur le devant de la scène particulièrement à partir du XIXe siècle, mais elle a dû pour cela, d'abord revêtir l'apparence de l'humble servante qu'est Marie, mère de Jésus de Nazareth, et renoncer à tout un pan de ses manifestations qui furent honnies comme expressions de la sorcellerie.

L'ère patriarcale des Bâtons qui dura environ cinq mille ans s'est sublimée dans la figure idéale de la chevalerie médiévale et sa quête du Graal et s'est tempérée, en France, dans un mouvement unique au monde, celui de l'invention de l'Amour courtois où les valeurs patriarcales de la chevalerie étaient mises au service de l'amour et de la femme, et de la quête amoureuse.

L'ère d'Épée : seconde ère patriarcale

La troisième ère, celle des Épées, celle de l'élément Air, est la nôtre. Elle démarre à la Renaissance et surtout aux XVIIe et XVIIIe siècles et se déploie jusqu'à nos jours dans un processus qui s'accélère. Elle représente l'ère de l'intelligence et de ses productions théoriques – la recherche scientifique en particulier et la représentation du monde qui en découle – mais aussi aux productions pratiques issues de la représentation scientifique : c'est le temps des inventions technologiques en grand nombre, et dès lors des communications et des voyages qui finit par faire de la planète un ensemble rétréci : un village planétaire. Dans l'Atout XXI, cette ère est représentée par l'Aigle aux yeux perçants : celui qui sait, celui qui comprend, qui explique, qui maîtrise la connaissance du réel. Cette ère correspond au troisième Niveau des Atouts où se jouent les plus grandes épreuves de l'humanité, mais aussi ses plus belles réalisations intellectuelles.

Au sein de cette troisième ère, le patriarcat s'exprime autrement que par la force brutale : les hommes dominent encore le monde, mais laissent peu à peu les femmes entrer dans la société des échanges et le monde du travail, et partagent avec elle leurs connaissances. Les filles sont donc progressivement scolarisées et leurs accès au savoir les émancipent peu à peu du pouvoir des pères.

Dans cette ère, les croyances religieuses monothéistes perdent de leur influence, car les représentations scientifiques font concurrence à celles qui viennent des textes sacrés, et la laïcité limite le pouvoir des traditions antiques et/ou médiévales.

Cette ère aboutit au Diable, au sein du troisième Niveau des Atouts. Or ce personnage incarne à la fois la plus grande dépendance et la plus grande lucidité sur cette dépendance propre. Dans cette ère, nécessairement, les êtres humains se mettent à douter de leur capacité spirituelle, du libre arbitre et de l'existence en l'au-delà, et même de l'existence de la bonté humaine, car le Diable révèle les mécanismes déterminants et met en avant le doute comme force de lucidité. Son pouvoir n'a jamais été aussi grand que dans ce travail de déconstruction qui fut le fait des intellectuels français d'abord, à la fin du XXe siècle, et qui est maintenant en jeu partout dans le monde. Cette ère n'est pas seulement celle des grandes découvertes scientifiques et technologiques, des voyages qui se multiplient, des communications et du village planétaire, c'est aussi, en tant qu'ère des Épées et du troisième Niveau des Atouts, l'ère des grandes épreuves de l'humanité qui découvre l'ombre qui est en elle, cette ombre s'objectivant dans l'invention freudienne de la psychanalyse, mais aussi dans le choc que fut la découverte des camps concentration, dans la mise en lumière des mécanismes de la psychopathie, dans l'épouvante que provoquèrent les bombes atomiques, dans la pollution, le réchauffement climatique, la disparition des espèces, et toutes les limitations et impuissances que se reconnaît l'humanité, dans son pouvoir d'améliorer les conditions de la vie sur Terre.

Cette ère porte pourtant une grande espérance, car elle tisse une fraternité universelle hors de toute idéologie et cherche à mettre fin aux guerres de religion. Cette fraternité démarre dans le travail des philosophes des Lumières et s'incarne, concrètement, dans la Révolution française et dans la Déclaration des droits universels de l'homme et du citoyen de 1789. Mais il faudra du temps pour que cette déclaration encore, alors, si partiellement universelle puisse inclure le droit des femmes et des minorités politiques.

Cependant, la Déclaration universelle des droits de l'être humain de 1948 met fin à toute justification légale de l'esclavage et de la soumission des femmes, tout en reconnaissant comme fondamentales certaines formes civiques et individuelles de liberté qui sont de grandes avancées humanitaires. Les Lumières et son espérance universaliste qui n'ont cessé d'être retravaillées dans leurs expressions concrètes par les revendications légitimes des minorités politiques représentent les expressions la plus élevées de cette ère des Épées.

Nous en sommes là, portés par la carte du Diable, gardien du seuil du quatrième Niveau, ayant désormais l'esprit aiguisé de l'Aigle, et la lucidité du Diable, mais encore incapables de franchir le troisième seuil qui mène au quatrième Niveau des Atouts.

Quel sera notre avenir ? Une apocalypse noire ou lumineuse ? Soit nous retombons dans le cycle perpétuel qui est représenté dans La Roue de Fortune, soit nous ouvrons la Tour de l'Atout XVI, en dépassant toutes les formes d'idéologie, religieuses ou athées, ainsi que toutes les manifestations de la domination qu'incarne la Tour. Si nous y parvenons, nous commencerons à recevoir pleinement les émanations et bénédictions du Ciel que symbolisent les Atouts cosmiques du quatrième Niveau des Atouts du Tarot.

Saurons-nous être des Coupes après avoir été des Aigles ? Peut-être n'entrerons-nous jamais dans la troisième ère, celle des Coupes, car le gardien du seuil du quatrième Niveau des Atouts est bien plus redoutable que celui qui garde le troisième Niveau : il s'agit du Diable. Ce personnage sulfureux représente tout ce qu'il y a de plus clivant, repoussant, malfaisant dans l'humanité, à commencer par son égoïsme et sa méchanceté. Or, on ne peut entrer dans l'ère des Coupes sans en passer par la plus grande lucidité sur ce qui constitue l'ombre au sein de l'humanité. C'est pourquoi le XXe siècle, qui est le siècle du Diable, fut à la fois le plus lucide des siècles sur la nature humaine et un siècle désespéré et désespérant : jamais l'humanité n'a eu à faire face à tant d'horreur et d'erreurs dans sa relation au milieu comme dans la relation entre êtres humains. Avec le Diable, nous sommes confrontés à l'impossible réconciliation avec soi-même, pour la rendre possible. Cette épreuve du Diable est précieuse, car quand l'humanité parviendra à l'intégrer pleinement, elle prendra conscience de son impuissance et du besoin éperdu qu'elle a de retrouver le sens du sacré. Elle appellera de toutes ses forces l'aide de la Déesse, et entrera, par les retrouvailles avec le Féminin sacré, dans l'ère des Coupes. Toutes les bénédictions du Ciel des Atouts cosmiques lui seront alors offertes.

L'ère des Coupes : deuxième ère matriarcale

Sur ce que sera concrètement l'ère des Coupes, on ne peut que l'imaginer : une ère où le féminin sacré retrouve sa place éminente, où les femmes seront respectées dans leur pouvoir de vie et dans leur créativité propre, où sera mise en avant la spiritualité dans son universalité transreligieuse et immanente, où une écologie totalement construite sur l'intuition fera de la Nature entière un Éden et dans une alliance passée entre les hommes et les bêtes. L'humanité sortira alors du temps accéléré qui est le sien depuis qu'elle est entrée dans l'ère d'Épée, pour parvenir à une éternité sans cesse renouvelée dans sa créativité.

Dans cette ère des Coupes, le monde entier sera un Temple ouvert et les êtres humains seront, comme dans La Maison Dieu, enracinés dans le Ciel pour produire, à partir des émanations cosmiques recueillies et versées dans la Terre par une humanité représentée par L'Étoile, des œuvres qui seront autant du Ciel que de la Terre et autant de la Terre que du Ciel.

Dans l'ère des Coupes, ce ne seront plus ni les savants et savantes, ni les inventeurs et inventrices, ni les guerriers et guerrières, ni les paysans et les paysannes, ni les artisans et artisanes, ni les commerçants et commerçantes, ni les hommes et femmes d'argent qui seront à la tête de l'humanité et particulièrement honorés, mais les inspirés et inspirées, les prêtres et prêtresses de la Déesse et du Dieu de l'Amour, les artistes du bonheur et de la beauté cosmique, les jardiniers et jardinières de l'Éden, ce jardin à la fois terrestre et céleste que sera devenue, tout entière, la Terre.

Alors, enfin, l'humanité réalisera sa destinée christique : elle sera l'humanité royale, réplique et servante du divin, gardienne de la Terre et de la biosphère, protectrice de tous les êtres vivants. Elle sera la Danseuse de l'Atout XXI. À la condition principale, nous dit le Tarot, qu'elle retrouve en elle le Féminin sacré.

LE MONDE
LA MAISON DIEV
LETOILLE
LA LUNE
LE SOLEIL
LE JUGEMENT
LA FORCE
LE PENDU
TEMPERANCE
LE DIABLE
LAMOVREVX
LE CHARIOT
LA JUSTICE
LERMITE
LA ROVE DE FORTVNE
LE BATELEUR
LA PAPESSE
LIMPERATRICE
LEMPEREUR
LE PAPE
LE MAT

VIII
LES CINQ VERTICALES ET L'ARBRE DE VIE DU TAROT

La disposition en quatre Niveaux fait surgir une autre page du Livre du Tarot qui porte cette fois sur les cinq Verticales d'Atouts liés par le même Nombre final : la Verticale du I et de l'individuation met en relation Le Bateleur, L'Amoureux, La Force et La Maison Dieu, celle du II et de la dualité rassemble La Papesse, Le Chariot, Le Pendu et L'Étoile, celle centrale du Féminin sacré et du III part de L'Impératrice et va à La Lune en passant par La Justice et l'Atout XIII, celle du nombre IIII et de la mâlitude sacrée lie L'Empereur, L'Hermite, Tempérance et Le Soleil, et enfin celle des nombres V et des doubles V que sont les X représente la fois ce qui unit le Niveau de l'Atout en jeu, un seuil à franchir, et la sacralité. Elle commence avec Le Pape, se poursuit avec La Roue de Fortune, puis Le Diable, et se termine avec Le Jugement.

L'unité visuelle des cinq Verticales

Ces cinq verticales ne sont pas seulement unies par le partage d'un Nombre, elles le sont aussi par des symboliques et des détails qui les rendent visibles dès lors qu'on les a sous les yeux. Dans la verticale des I, par exemple, le chapeau du

Bateleur fait écho à celui de La Force avec cette forme en lemniscate qui les caractérise comme symbole de l'infini. Ce même chapeau se sublime, dans l'Atout XVI, en cette toiture couronnée ouverte sur le Ciel. Les dents de la couronne que contient La Force du Tarot de Nicolas Conver sont au nombre de six, nombre de L'Amoureux, et se retrouve aussi dans les dents du Lion de l'Atout XI, tout comme dans le crénelage de la Tour de l'Atout XVI. Les postures du corps du Bateleur et celle de l'Amoureux sont identiques dans ce tiraillement qu'elles indiquent, et ils ont des visages ressemblants qui penchent pareillement, légèrement vers la droite. Enfin, le « V » qui remplace le « U » au sein de l'écriture de L'Amoureux et de La Maison Dieu se font mutuellement écho.

La Verticale des II, où sont en jeu la dualité, la contradiction et l'opposition, confronte toute manifestation à la notion d'altérité : altérité des sexes, altérité des manières d'être, altérité générationnelle. On voit ainsi, la plus couverte des femmes du Tarot, La Papesse, une vieille femme, s'opposer à la plus dénudée des femmes du Tarot, la jeune et virginale Étoile. L'une vit dans les fonds de son couvent ou de son cabinet de travail, l'autre se trouve dans une nature ouverte sur le cosmos étoilé. Une même opposition est en jeu entre les deux autres Atouts de cette Verticale et confronte le plus véloce des Atouts, Le Chariot, au plus immobilisé, Le Pendu. Alors que le premier conquiert des territoires avec la chance du débutant, le second vit la plus grande limitation de toutes ses affirmations vitales et doit chercher dans la verticalité le seul horizon qui ne lui soit pas bouché.

La Verticale des III du Féminin sacré est peut-être, de toutes les Verticales, celle dont l'unité symbolique saute le plus aux yeux. Dans cette Verticale, s'opposent et se complètent les puissances de vie (Atouts III et XVIII) et les puissances de castration et de mort (Atout VIII et XIII), l'Atout de la procréation humaine (Atout III) et celui de la créativité en jeu dans la nature (Atout XVIII), les facultés imaginatives, mais aussi intuitives, médiumnique et rêveuses de l'humanité (Atout XVIII) et ses facultés rationnelles et réalistes (Atout VIII).

Cette Verticale affirme la profonde unité féminine des puissances de vie et de mort, sachant que la vie vivante n'est possible que par la mort, comme le rappelle la colonne vertébrale en épi de blé de la grande Faucheuse qui avance à grands pas dans l'Atout XIII. Ce qui est en jeu dans cette Verticale centrale des III, c'est le pouvoir conjoint des femmes et de la nature à donner la vie, mais aussi à tailler quand c'est nécessaire dans ce qui n'est plus vivant (La Justice et l'Atout XIII), pour sauver ce qui doit l'être.

La Verticale des IIII est le pendant masculin de la précédente : c'est la Verticale de la mâlitude sacrée qui parle du pouvoir du père, que ce père soit le père tribal de la loi et du territoire (L'Empereur), le vieux père de la transmission des connaissances acquises par une longue expérience de la vie (L'Hermite), le père amical de l'adolescence ou de l'adulte qu'est devenu l'enfant et qui accepte d'être dans une égalité quasi fraternelle avec lui (Tempérance), ou enfin le père solaire qui aime tous ses enfants dans la plus stricte égalité (Atout XVIIII).

Dans cette Verticale des IIII, le gardien des frontières qu'est L'Empereur est dépassé par un Soleil aux petits murs ouverts vers le Ciel. Et son sceptre devient le bâton sinueux de L'Hermite, tous deux portant des cheveux de couleur céleste et la barbe de la sagesse. La petite lumière de la lanterne de L'Hermite qui luit dans la nuit, fait échos à la Lumière céleste et diurne du Soleil, et enfin la fraternité cultivée par Tempérance aux cheveux couleur du soleil annonce les blonds jumeaux de l'Atout XVIIII.

La Verticale des V est la verticale quintessentielle. Elle

contient les Atouts qui, à la fois, unissent leur Niveau pour les transformer en une véritable communauté, et en même temps servent de tests et de franchissement du seuil. Ces Atouts V, X, XV et XX sont des portes vers les Niveaux supérieurs qui peuvent rester fermées ou qui peuvent s'ouvrir, selon qu'on parvient ou qu'on ne parvient pas à assimiler la difficile leçon qu'ils représentent. Visuellement, l'unité de cette Verticale tient d'abord à l'importance de la couleur bleue qui est du Ciel. Le Pape est ainsi encadré de deux colonnes bleues qui font le lien entre le Ciel et la Terre, et qui signalent la fonction sacramentelle de ce premier des prêtres. La sphinge qui domine La Roue dans l'Atout X est elle aussi de couleur bleue, tout comme le tronc et les jambes du Diable, ainsi que l'humanité renaissante de l'être humain qui, au sein de l'Atout XX, se réveille en tant qu'humanité christique sous le chant de l'Ange entouré de sa nuée mystique. C'est que ces quatre gardiens des Niveaux du Tarot veillent à ce que l'humanité parvienne à sa destination spirituelle, que symbolisent le ciel et sa couleur.

Chaque Verticale du Tarot représente donc une part du chemin que doit faire l'humanité pour parvenir à cette réalisation christique qu'incarne la Danseuse de l'Atout XXI. Ces Verticales sont dès lors des sortes d'ascenseurs du Tarot, car celui qui les emprunte va plus vite que l'ensemble de la communauté humaine qui suit carte à carte le chemin collectif. La signification de ces élévations verticales se trouve essentiellement dans l'analyse de la symbolique des cinq premiers nombres : la Verticale des I parle de la construction du Moi et des relations de celle-ci au Soi ; la Verticale des II confronte à l'altérité et engage le dépassement des apparences contradictoires ; la Verticale des III lie toute vie vraiment vivante à l'acceptation de la mort et des limitations ; la Verticale des IIII révèle la profonde unité des quatre formes de Pères, le père de la loi et des frontières, le père de la transmission du savoir d'expérience, le père fraternel et le père solaire ; et enfin la Verticale des V délie du passé que représente chaque Niveau qu'ils terminent et ouvrent sur l'avenir du prochain Niveau, tout comme ils sont les grands sacrificateurs de chaque Niveau.

La Verticale des I

Le Bateleur est le Premier Atout. Il est le Soi, c'est-à-dire cette âme, cette manière d'être innée, que chacun possède en naissant, et qui est le porteur de toute potentialité. Le Bateleur est le petit donc, le nouveau aussi, et c'est pourquoi, tout ce qui peut représenter ses choix de vie reste, devant lui, sur la table, lui-même étant doublement orienté dans son corps, incapable encore de savoir ce qu'il va devenir, tiraillé comme le sera encore l'Atout supérieur, L'Amoureux, entre plusieurs potentialités.

Cependant, ce Bateleur s'est emparé déjà de deux objets : dans la main gauche, il tient une balle, symbolisant le Niveau I en correspondance avec les Deniers. Ce geste signifie qu'aucun enfant joueur ne peut exister sans l'enveloppe matérielle qu'est le corps dont il hérite des parents, en même temps que de tous les acquis génétiques et épigénétiques familiaux, tout comme il ne peut exister sans l'enveloppe familiale que représente le premier Niveau du Tarot. Dans la main droite, le Bateleur tient le petit bâton de ses passions, ce qui le met déjà, en partie, en relation avec le Niveau II des Atouts et les Bâtons, mais aussi avec L'Amoureux qui le surplombe au sein de la Verticale des I. Ce sont ces mêmes objets que tiendra La Danseuse à la fin du parcours. Le Bateleur est l'Alpha dont la Danseuse représente l'Omega.

Au-dessus du Bateleur se trouve L'Amoureux, l'adolescent des Atouts et qui est tiraillé entre deux femmes, comme tout adolescent l'est entre ses deux communautés : la communauté familiale et la communauté sociale, ainsi qu'entre les deux manières d'être parfois très différentes que peuvent avoir ces communautés, ce que symbolisent les deux femmes, l'une âgée, représentant la communauté familiale ancienne et infiniment respectable dans cette enveloppe qu'elle fut pour l'enfant, l'autre, une jeune femme attirante qui représente l'attrait des relations que peut se faire l'adolescent au sein de la société, ainsi que des nouvelles conceptions du monde qui l'émancipent de ses habitudes familiales.

Ce que signifie d'abord l'iconographie de L'Amoureux, c'est que si chacun a besoin d'être nourri par le bain familial pour construire son individualité, chacun doit aussi accepter de sortir de cette première communauté et se libérer en partie de ses croyances pour advenir à soi, et c'est le temps de cette émancipation, en cette individualité tiraillée encore, car en construction, qu'incarne l'Atout VI. Nourri par l'énergie divine et sacrée d'Éros, le dieu de l'amour, du feu et de la passion, L'Amoureux trouve la force de s'émanciper de sa première communauté, la famille, pour s'ouvrir au monde sociétal qu'incarne le second Niveau du Tarot, tout comme il s'ouvre aux opportunités passionnantes que représente la jeune fille à sa droite.

La Force est le premier Atout du Ciel du Tarot. Elle indique que la moitié du chemin qui mène au Monde est désormais parcourue. C'est aussi ce que signifie la graphie des Nombres XI et XXI, chaque X étant constitué de deux V, c'est-à-dire de deux Niveaux, et faisant, désormais, un tout, celui de la Terre des Atouts pour La Force, et celui de la Terre et à la fois du Ciel des Atouts du Tarot pour Le Monde. La Force représente, par cette femme qui tient la gueule ouverte du lion, l'être humain qui maîtrise la puissance pulsionnelle qui est en lui. Avec elle, rien de la Terre n'est plus à conquérir, mais tout du Ciel. Par-delà ce jeu entre les Niveaux et les Verticales du

Tarot, il y a donc un lien évident entre l'Atout XI et l'Atout XXI. Ces deux Atouts manifestent une personnalité intégrée. Ce lien évident entre l'Atout XI et l'Atout XXI qui est révélé par leurs Nombres se lit aussi dans les iconographies où ce sont deux femmes qui manifestent leur puissance dans la plus grande douceur. C'est en effet sans effort que La Force tient la bouche ouverte du Lion, quand la Danseuse du Monde tient un bâton de pouvoir fait d'or, et qui n'a pas besoin d'être de grande dimension. Elle sait agir dans la perfection de son mouvement, sans jamais forcer son pouvoir.

Le Tarot voit donc dans La Force, la plénitude d'un Moi maîtrisé qui met fin à toutes les hésitations et les tiraillements qui accablaient Le Bateleur et L'Amoureux. Désormais, La Force est un Moi qui sait exactement qui il est, ce qu'il est, et ce qu'il veut. Les pulsions et l'énergie que représente le lion dans l'iconographie sont sous la domination d'une femme qui sait les utiliser quand il le faut et au degré exact qu'elle décide. Ce Moi est déjà royal comme le montre la coiffe couronnée de la femme. Et c'est pourquoi, La Force, tout comme Le Monde, et précédemment Le Bateleur est l'un des maîtres-Atouts des As, ces Nombres qui sont à la fois les plus petites valeurs numériques et le plus puissant des Emblèmes au sein des Cours du Tarot.

Mais ce Moi souverain et bien constitué doit lui-même être dépassé par sa soumission intuitive au Soi et c'est ce que symbolise la Maison Dieu, quand la construction moïque couronnée et très élevée que représente la Tour (Le Moi) s'ouvre par le haut à la plume, symbole de légèreté, ainsi qu'aux émanations cosmiques qui caractérisent le dernier Niveau des Atouts qui s'ouvre avec La Maison Dieu. Alors, l'être humain, enraciné dans le Ciel – ce que manifeste la posture inversée des personnages –, connaît la rosée multicolore : ces gouttes d'eau remplies de lumières, petits arcs-en-ciel qui représentent le Soi, c'est-à-dire l'âme humaine qui s'est éveillée à la conscience, et qui est, par nature, ouverte à la spiritualité. Cet Atout réaffirme, de multiples manières, l'alliance entre les mortels et les immortels. Le Moi y est inclus dans un Soi relié au collectif et au divin ce que montre l'iconographie qui comporte deux personnages (le Moi et le Soi) et leur enracinement dans le Ciel. L'interprétation catastrophiste de l'Atout, souvent prédominante, doit dès lors être remplacée par la compréhension qui est en jeu là : un brusque renversement des perspectives et une ouverture à la transcendance qui peuvent être soudains et parfois même brutaux. C'est la joie qu'incarne cet Atout, car enfin, le Moi et le Soi se rejoignent et ne se quitteront plus, cette union étant la condition pour que l'humanité bleue advienne, en tant que servante du divin, jardinière de l'Éden, ce jardin harmonieux qui est autant du Ciel que de la Terre.

La Verticale des II

La Verticale des II confronte à la dualité de ce monde et demande son dépassement. En s'affrontant à la comparaison, la conscience s'éveille à la connaissance, ce qu'incarne le premier Atout de cette Verticale : La Papesse. Mais la conscience éveillée par les contradictions se perd dans les souffrances que ces dernières engendrent, et cela jusqu'à la réconciliation finale que manifeste L'Étoile. La Verticale des II marque donc la rencontre avec le fait de l'autre, l'autre qui est en soi avec La Papesse, l'autre qui est autre que soi sous la forme de l'étranger et de l'inconnu pour Le Chariot, l'autre qui s'oppose à soi pour Le Pendu, et l'autre divin pour L'Étoile qui en recueille les émanations pour les verser dans l'eau et dans une terre baignée de la lumière stellaire. Cette Verticale des II indique donc les étapes que connaît l'âme humaine dans la relation à ce qui n'est pas elle, pour arriver à ce moment où l'altérité n'est ni niée, ni l'occasion de heurts, mais respectée.

Tout commence avec La Papesse qui appréhende l'autre comme un trésor caché. Cet Atout II symbolise la femme enceinte ou la gardienne d'un savoir occulte qui incarne aussi la relation fusionnelle et le secret. Elle porte en elle l'altérité qui, de ce fait, n'est pas encore posée dans sa différence. La Papesse est le « II » caché dans le « I ». C'est l'œuf cosmique, au pouvoir d'autant plus puissant qu'il n'est pas en usage et n'a pas encore besoin de l'être. C'est la connaissance accumulée d'anciennes quêtes d'un savoir enfoui dans une bibliothèque oubliée. C'est le Tarot durant plus de cinq siècles.

Au-dessus de La Papesse, se trouve son premier fils, l'Atout VII qui est attiré par l'altérité lointaine, dans une géographie et ethnographie qui stimulent ses passions et appellent tout son intérêt. Le Chariot part à la quête de ce que sa communauté ignore et peut-être méprise, pour en faire un territoire propre. C'est un conquérant ; c'est colonisateur. Il aime l'étrangère étrangeté de l'autre, mais il entend en faire le miroir de son être. Le Chariot emporte, dans l'ailleurs, ses manières d'être qu'il impose aux indigènes, mais, cela a un prix nécessaire dont il ignore tout : lorsqu'il revient chez lui, avec toutes ses richesses conquises, il s'est transformé à son insu. L'autre l'a autant marqué qu'il a lui-même marqué cet autre.

Au-dessus du Chariot, l'Atout XII, le second fils de la Papesse, l'impuissant, la victime, celui qui, handicapé, connaît de terribles limitations dans les expressions horizontales de son être et qui vit l'immobilité forcée. Le Pendu voit son affirmation vitale sans possibilité horizontale et qui se doit, de ce fait, de rencontrer l'altérité par la verticalisation. Le Pendu incarne le contrecoup des excès des explorations du Chariot, mais aussi celui qui découvre en lui-même un Nouveau Monde, intérieur cette fois. Il est celui qui ne peut plus bouger, le plus immobile de tous les Atouts, quand son frère et son double inversé a usé et abusé de sa mobilité, de sa rapidité et de sa force, porté qu'il était par une mère Papesse dévouée à la réussite de son fils, et par la force de cet amour maternel exigent et exclusif. Tout mouvement géographique est désormais fermé au Pendu, comme le montrent les branches coupées et saignantes des arbres qui l'encadrent.

Mais le visage du Pendu est calme et même serein. Il sait désormais où trouver un nouveau terrain d'exploration : il a découvert le monde intérieur comme étant cette terre étrangère et pourtant sienne qu'il veut apprendre à connaître. Avec le Pendu, si l'altérité extérieure est hostile, l'altérité intérieure s'ouvre à l'exploration. Toutes ses perspectives changent et s'inversent alors. Désormais le plus intéressant, le plus aventureux, le plus passionnant, le plus étrange et étranger, tout en étant le plus proche, se trouve à l'intérieur de soi. Le Pendu est le premier Atout qui, par le sacrifice de l'horizontalité, mais aussi par la prière et la méditation, voit s'ouvrir à lui la verticalité céleste. Comme sa mère La Papesse, Le Pendu est un méditant, mais il n'a nul besoin de livres et de savoirs acquis par les transmissions culturelles éso- ou exotériques. L'essentiel est en lui, dans son cœur, et il le sait.

L'Étoile est fille de La Papesse et en tout point son opposé : l'une est enfermée dans son cloître ou dans son cabinet d'études et de curiosités, l'autre s'agenouille sur une Terre nocturne baignée du chant des étoiles. L'une croule sous les voiles et les secrets, l'autre est dans la nudité de l'authenticité et de la simplicité de l'âme. L'une est âgée et son temps d'expérience est le passé, l'autre est jeune et agit au présent dans la parfaite confiance en sa destinée. Pourtant, ces deux femmes sont très attachées l'une à l'autre, et les voir au sein de la même Verticale évoque la relation de Perséphone avec Déméter, relation qui a bien failli exclure l'homme tant est grand l'attachement mère-fille qu'incarnent ces déesses de l'Antiquité.

C'est que La Papesse a bien du mal à laisser ses enfants s'échapper de son emprise, c'est une mère-araignée. Perséphone est, de ce fait, une éternelle jeune fille qui ne sort pas vraiment du virginal et qui n'aura jamais d'enfant. Elle symbolise le printemps et la relation préœdipienne à la mère et qui ne peut rester qu'à mi-temps auprès d'un époux toujours un peu épouvantable, puisqu'il s'agit d'Hadès, le dieu des Enfers.

Pourtant L'Étoile symbolise aussi la plus belle relation à l'altérité. Comme le révèle les analyses que fit George Romey des rêves éveillés libres, l'étoile intervient pour signifier la relation au Mystère, au sacré, et la foi dans son destin et l'acceptation de son imprévisibilité et de sa providentialité. Elle est, en outre, l'anima de L'Empereur, son complémentaire. Si le Pendu découvre l'altérité en lui-même, L'Étoile se découvre elle-même comme étant née d'une réalité cosmique sacrée et d'un mystère respecté. Quand l'étoile intervient en tant que symbole dans les rêves, c'est en effet pour signifier l'absolue confiance avec laquelle le rêveur abordera désormais la vie, confiance née, non des édifices justificateurs parfois grandiose, mais sclérosant de la raison, mais d'une expérience mystique à la fois merveilleuse et tranquille.

L'Étoile représente l'aboutissement du chemin de l'altérité qu'incarne la Verticale des II. Elle est la fée du Tarot, cette femme éternellement jeune et belle qui incarne l'anima, l'âme humaine dans son éminente et virginale féminité. L'étoile que la fée porte au bout de son bâton de pouvoir est le symbole de la destinée qui s'est penché sur le berceau de l'enfant à sa naissance. Avec L'Étoile, la dualité et l'altérité sont acceptées et reconnues dans leur nature divine et se retrouvent dans le chant des sphères. Alors, elle se met à genoux, pour verser les Eaux du Ciel dans les eaux de la Terre. Transparente, calme et belle, elle sert, âme reliée, la spiritualisation du monde.

La Verticale des III du Tarot met en relation tous les Atouts qui mettent en lien la Vie vivante à ce médium essentiel de cette vie vivante qu'est la mort : L'Impératrice (Atout III), La Justice (Atout VIII), L'Atout XIII et La Lune (Atout XVIII). L'évidence de cette relation entre les Atouts créateurs et procréateurs et les Atouts castrateurs et fatals suffirait, à elle seule, si besoin était encore pour justifier la pertinence de cette distribution des Atouts cinq par cinq qui révèle les Verticales du Tarot.

L'impératrice est ainsi l'incarnation humaine du pouvoir de vie que possède La Déesse, Mère-Nature et que représente La Lune. En se reconnectant à sa propre sauvagerie, chaque femme, se découvre fille de la Déesse et son incarnation humaine. En ce dernier Atout de la Verticale des III, se dessine le passage d'une maison à l'autre qui est d'abord et avant tout le double passage de la vie à la mort tout comme de la mort à la vie et qui inaugure toute vie ici-bas ou dans l'au-delà. La Lune préside à l'incarnation qu'est la gestation puis l'accouchement tout comme à ce dernier voyage vers l'au-delà qu'est la mort. Elle fait encore le lien entre la raison qu'incarne La Justice et l'intuition imaginative, entre la nature et les hommes, entre la vie sauvage et la vie humaine.

L'Impératrice qui démarre cette Verticale des III représente toutes les femmes et la féminité qui est, en elles toutes, dans le lien privilégié qu'elles possèdent aux forces vives, instinctives, intuitives, et créatives de la nature. Cette carte du Tarot rappelle ce lien, montrant dans les complémentaires du Tarot que L'Impératrice ne peut atteindre la réalisation individuelle que représente l'Atout XXI sans se relier à la Lune (car III plus XVIII égale XXI). Chaque femme qui accède en elle-même au pouvoir créateur de la Lune est la Prêtresse naturelle du Féminin sacré et son incarnation humaine, ce qui fait d'elle une maîtresse de la vie et de la mort.

L'Impératrice est la mère triangulaire du Tarot qui est mère, mais aussi épouse, et femme investie dans la vie sociale. Elle est la fondation de toute famille. Elle est la procréatrice-créatrice humaine en laquelle s'active le pouvoir de la Nature que représente La Lune et qui, en faisant don de la vie à l'enfant, fait don de la mort, puisque tout être vivant ne l'est que pour un temps.

La Lune est la première divinité à laquelle les femmes ont rendu un culte, sous les noms multiples d'Hécate, d'Isis, de Séléné, d'Artémis et de Diane, ce culte étant le plus souvent aussi ce qui éveille en chaque femme, canalise et amplifie ses dons surnaturels ou qui plutôt seraient simplement naturels sans la violente répression qu'ils ont connue sous le patriarcat monothéiste. Ces dons des femmes sont les dons de voyance, de médiumnité, de guérisseuses, d'accoucheuses, et de sorcières. Les chiens qui se trouvent sur l'iconographie de La Lune sont les compagnons de la Déesses, en tant que « magiciens de l'univers » pour citer Clarissa Pinkola Estés qui étudie l'importance du sauvage et du vraiment vivant qui se trouvent trop souvent étouffés en chaque femme et qu'elle doit réactiver en elle si elle veut atteindre le plein potentiel de sa féminité. Les chiens possèdent aussi une nature psychopompe qui leur permet d'être les messagers entre le monde visible et le monde invisible, du dessous ou de l'au-delà.

Dans *La Sorcière et l'Occident*, l'historien Guy Bechtel rappelle l'importance des cultes dédiés à la lune dans les pratiques magiques féminines : « La Lune est la première divinité maîtresse des sorts. On la retrouve dans la mythologie gréco-romaine sous divers noms. Elle est Hécate, dont Médée et Circé peuvent se dire les filles, au moins les descendantes. Elle règne très officiellement sur la sorcellerie ancienne, puisqu'elle détient les secrets de la vie et est la souveraine de l'art des morts ». La connexion intime des femmes à La Lune fait d'elles toutes des « sages femmes » au sens premier du terme, celles qui s'écoutent et écoutent leur corps, leur intuition, leur savoir immédiat et absolument juste bien que ne pouvant ni se rationaliser, ni s'expliquer, parce qu'il n'est pas issu d'une chaîne de raisons. Les femmes sont détentrices des secrets de la vie tout comme ceux de la mort. Car La Lune qui est maîtresse de la vie sauvage l'est aussi de la vie originelle, archaïque, ancestrale ce que représente le crustacé sur l'iconographie de l'Atout XVIII, et encore de la nuit, de l'ombre, des rêves, tout comme de l'au-delà, et enfin de la génération et de la mort. Chaque femme est reliée à La Lune ne serait-ce que par ses menstrues et de ce fait est le premier visage de la Mère divine originelle, pourvu cependant qu'elle apprenne à écouter sa voix intérieure. L'absence d'intuition, de réceptivité aux cycles de la vie et de la mort, conduit non seulement les femmes à faire de mauvais choix, mais aussi et surtout à vivre leur vie en restant endormies à leur vrai pouvoir de vie. Par cette connexion intérieure seulement, les femmes avancent de manière sûre, en modifiant leurs plans quand c'est nécessaire, ajustant l'action à une intuition que rien de fige.

La Justice qui surplombe L'Impératrice représente la femme qui s'investit dans la société, et qui, elle, se tient à distance des émotions qui submergent parfois les femmes par leur lien à La Lune et au lunatique, et cela pour mieux juger ce qui est devant ses yeux. La Justice qui tranche ce qui est pourri dans la société accorde une petite mort par le deuil qu'elle engendre chez celui qui doit renoncer à d'excessifs et injustes désirs de richesses et de possessions. La Justice est, avec L'Étoile qui arrose, l'une des figures de la jardinière du Tarot : elle est celle qui coupe ce qui est défaillant tant dans la famille que dans la société, quand l'Atout XIII représente la castration ultime qu'est la mort.

De son côté, l'Atout XIII, qui a pour complémentaire La Justice, incarne l'égalité radicale de tous les êtres vivants, comme de tous les êtres humains : elle place chacun, quelle que soit son espèce, quel que soit son âge, son sexe, son statut, sa richesse, dans l'obligation un jour de laisser là sa vie, ses accomplissements, ses possessions, pour partir à jamais.

La mort est une donnée intrinsèque de la vie comme le signale la colonne vertébrale en forme d'épis de blé de la mort en marche de l'Atout XIII. Elle n'existe que comme le moyen pour les espèces d'être toujours jeunes et pour l'humanité de renouveler continuellement ses forces afin d'atteindre sa destinée ultime : entrer dans l'ère des Coupes. Le noir intense qu'est sur l'Atout est la terre riche qui nourrit la nouvelle vie qui ne peut exister que par la digestion terrestre de ce qui n'est plus que cadavre et qui doit, compost nécessaire, nourrir la vie et les forces de ce qui est vivant. Le noir d'encre et l'obscur sont aussi les couleurs du champ quantique d'où toute couleur et toute vie surviennent et d'où les magiciennes tirent leur pouvoir.

Cette Verticale des III représente donc la Verticale du pouvoir féminin de la vie et de la mort, l'un n'allant pas sans l'autre. Comme le rappelle Clarissa Pinkola Estés, les femmes doivent retrouver en elle cette vérité de la Vie/Mort/vie qui est le don des femmes. Cette Verticale révèle la sorcière ou la magicienne qui est en chaque femme en tant qu'elle possède et incarne le pouvoir sacré et féminin de la vie, et de la mort qui mène à la vie, qui fait d'elles toutes des intuitives, des voyantes, des médiums, des sages-femmes, et des prophétesses, pourvu qu'elles se relient à la Mère Nature ou à la Déesse-Mère qu'incarne La Lune du Tarot.

La Verticale des IIII

La Verticale des IIII est le pendant masculin de la Verticale des III. Elle dévoile ce que c'est qu'être un homme et ce que c'est qu'être un père, et cette explication est précieuse à notre époque où les genres masculin et féminin se troublent et où la distinction en deux genres, elle-même, est contestée dans sa légitimité par les uns mais aussi absurdement défendue par les autres qui voudraient en faire une prison où les individus ne pourraient plus se connecter à ce qu'ils sont vraiment. Mais cette contestation ne gêne nullement l'amateur du Tarot qui n'enferme personne dans tel ou tel Atout, et considère les expressions tarologiques comme des archétypes dont chacun, homme ou femme, peut s'emparer pour se construire.

Être un homme nous dit L'Empereur, c'est être un défenseur de sa communauté et des limites de celles-ci, limites intériorisées ou manifestées de manière collective par la loi qui organise les relations humaines, mais aussi limites extérieures par la défense des frontières. L'Empereur est en effet l'Atout qui incarne le sens de la territorialité. Il impose un cadre de règles et d'interdits à tous les membres de la communauté qu'elle soit familiale, sociale ou politique. Il est le gardien de l'ordre et des frontières.

Mais L'Empereur est aussi entièrement tourné vers L'Impératrice. Être un homme nous dit alors le Tarot, c'est être polarisé par son épouse qui possède, en tant que femme, le pouvoir de fasciner l'homme, par sa beauté, mais aussi et surtout par sa maîtrise de la vie vivante, tout comme de l'ombre et de la nuit, quand l'homme incarne, sur terre, la vie solaire et diurne.

Être un homme nous dit L'Hermite, c'est être celui qui transmet son savoir d'expérience qui éclaire la route des autres, dans la nuit de l'ignorance. L'Hermite a une forme précieuse de générosité : il n'avance plus pour lui-même, sur le chemin de sa vie, mais se retourne avec son savoir d'expérience conquis par le passé, pour que sa lumière personnelle serve de phare aux autres.

L'Hermite est aussi le grand-père du Tarot, cet homme de sagesse qui transmet un savoir universel né d'une expérience ancienne et personnelle. Ce grand-père annonce la problématique de la temporalité propre à l'Atout X : il rappelle cette prise de conscience que chacun doit faire, que le temps sur terre est limité. Dans les Atouts des jeux princiers de la Renaissance, il était porteur d'un sablier, symbole du temps compté de la vie sur Terre. Mais dans le Tarot de Marseille, il tient à la main un bâton de pèlerin, tout ondulé. Le pouvoir que manifeste ce dernier est tout en souplesse, c'est le charisme qu'accordent la compétence et l'expérience.

Dans les rêves éveillés libres de Romey, le vieil homme ou le grand-père atteste « des forces de transmission de la vie » tout en étant un puissant « agent de rétablissement du sentiment d'identité ». C'est l'ancêtre qui a donné son nom à tous ses descendants, source d'une chaîne de filiation traversant les temps. Le grand-père dans les rêves est complice, là où la grand-mère – figure particulière de la sorcière – souvent menace et rappelle la proximité de la mort, et le Tarot manifeste, par la proximité de Tempérance qui le surplombe, cet amour du grand-père qui soulage l'enfant des excès de l'autorité du père : déjà, quelque chose d'amical se tisse entre l'enfant et le grand-père qui appelle l'amitié qui se jouera entre le père et l'enfant lorsque ce dernier sera devenu un adolescent puis un adulte.

Être un homme nous dit Tempérance, c'est savoir ne pas être tout le temps dans la posture autoritaire de l'Empereur, mais devenir l'ami de ses enfants qui accepte d'apprendre autant d'eux que lui-même leur donne ses avis éclairés par l'expérience. Tempérance incarne le fait, pour l'homme, de savoir élever son enfant jusqu'à l'adulte reconnu dans son éminente égalité. L'article « la » de Tempérance est gommé car contradictoire avec la mâlitude qu'incarne la Verticale des IIII : ce beau nom de « tempérance » ne manifeste pas, dans le Tarot, une vertu féminine, mais une manière d'être un homme et un père : quand il s'agit d'être un ami qui construit ses relations sur une forme d'égalité avec l'autre et de fraternité qui ne seront, cependant, complètes que sous la chaleur du Père Solaire. Être un homme dit aussi l'Atout XIIII c'est savoir transmettre des idéaux, et pas seulement un héritage matériel ou un patrimoine culturel, et c'est enfin savoir écouter les autres, pour éventuellement tempérer les excès des affirmations propres.

Seule cette distribution des Atouts en cinq Verticales permet de comprendre pourquoi les créateurs du Tarot ou bien les cartiers français qui ont inscrit les noms des personnages en jeu dans chaque Atout ont enlevé l'article « la » au nom de Tempérance, mettant clairement en évidence qu'il ne s'agit pas d'un ange féminin qui est dessiné sur l'Atout XIIII, mais un ange masculin, bien qu'à la masculinité tempérée, et qui appartient, de plein droit, à la Verticale de la Mâlitude.

Être un homme, c'est être un Soleil nous dit l'Atout XVIIII. C'est, en étant un père, aimer ses enfants à la manière du divin ce que les paroles christiques rappellent : « Dieu fait lever son soleil sur les méchants et sur les bons ». Le Père solaire aime ses enfants dans la plus parfaite égalité, qu'ils soient ou non semblables à ce qu'il attend d'eux. Le père solaire aime que ses enfants soient libres, authentiques et fraternels. C'est la parfaite générosité de cet amour absolument égalitaire du Père solaire qui permet en réalité, à chacun, de dépasser la rivalité envieuse et haineuse des frères et des sœurs pour que cette relation devienne l'un des plus beaux amours terrestres, l'amour de la fraternité et la sororité que symbolisent les jumeaux qui prennent soin l'un de l'autre dans l'iconographie de l'Atout XVIIII.

Le Tarot n'a rien à voir avec les moralisateurs fondamentalistes qui entendent faire entrer les identités de genre dans des moules qui écraseraient toute une partie de leur être. Dans le Tarot, il y a la place pour des manières plus masculines d'être femme, ce qu'incarne cette femme fille du père qu'est La Justice, et des manières plus féminines d'être un homme, ce que représente Tempérance qui mêle les eaux de la féminité à sa masculinité. Comme Tempérance est le plus féminin des hommes de la Verticale des IIII, La Justice est la plus masculine des femmes de la Verticale des III.

Ainsi, quatre types d'hommes sont en jeu dans cette Verticale, l'homme viril, autoritaire, totalement orienté vers l'épouse (ou vers les femmes) qu'est L'Empereur, un homme qui, cependant, cache dans le secret de son cœur une anima toute féminine et tendre puisque la carte de L'Empereur est le complémentaire de celle de L'Étoile ; il y a ensuite l'homme d'expérience, l'enseignant, le philosophe et le sage que représente L'Hermite ; puis l'homme tout en nuances, très équilibré dans les parties masculines et féminines de son être et plein de respect pour l'altérité, capable de véritables échanges parce qu'il a le sens de l'égalité, ce que représente Tempérance ; et enfin, il y a l'homme solaire tout en haut de la Verticale, un homme à la générosité si grande qu'il laisse ses enfants être ce qu'ils sont afin qu'ils puissent être, les uns pour les autres, des frères et sœurs, et ainsi accéder à une fraternité universelle. Cet homme solaire est aussi dans la transmission qui éclaire la communauté, et pas seulement de sa propre expérience de vie (Atout VIIII). Il est celui qui éclaire le monde entier de ses idéaux véritablement universalistes qui créent une humanité qui se reconnaît comme foncièrement liée par une fraternité/sororité universelle. C'est l'Atout du siècle des Lumières.

La Verticale quintessentielle des V et des X (deux « V » unis par la pointe) nous montre les quatre Gardiens du Seuil du Tarot : Le Pape, le seul gardien humain, La Sphinge de l'Atout X qui est la gardienne du Ciel du Tarot, Le Diable qui garde la porte cosmique, et Le Jugement qui ouvre, pour toujours, la porte de la réalisation ultime.

Ainsi, l'enfant ne peut pas s'émanciper de sa première communauté, la communauté familiale, sans l'aide du père spirituel qu'est Le pape. Il a besoin de la confiance de ce père socratique qui soutient le besoin de l'enfant de marcher, par lui-même, dans le monde pour suivre son propre chemin.

Rien n'est peut-être à ce sujet plus éclairant de la fonction sacerdotale du Pape que les usages que font, de ce personnage, les rêveurs dans les rêves éveillés libres : le pape du Tarot et toutes ses incarnations terrestres et historiques, dont le prêtre, le hiérophante pharaonique, le sacrificateur inca, le bonze et le clerc catholique, etc. est toujours *une réponse au besoin de médiation entre les besoins du corps et les aspirations de l'esprit, une sorte d'arbitre souhaité entre la nature animale du rêveur et le sentiment qu'il éprouve de son appartenance à la sphère divine*. De ce fait, affirme G.Romey, *qu'il officie dans un temple égyptien, devant un autel inca ou dans la cathédrale, le prêtre assume la médiation entre le monde et la divinité, par la prière et le geste. Lui seul peut dire la parole sacrée, lui seul peut accomplir le geste sacré. Ce qui est sacré sépare et sous-entend le sacrifice*.

La fonction sanctificatrice qui à la fois lie et sépare est en réalité jouée par tous les Atouts de cette Verticale des V et donne leur unité à tous les Niveaux. Ainsi, Le Pape sanctifie la famille et en assure la pérennité, La Roue de Fortune enjoint tous les personnages en jeu dans le deuxième Niveau de ne pas s'enfermer dans la persona jungienne, Le Diable rappelle à tous ceux qui vivent des épreuves l'importance de la lucidité, et Le Jugement fait naître l'humanité bleue, à la chair pétrie d'esprit, pour qu'elle crée l'Éden éternel arrosé des émanations cosmiques.

En tant que gardiens du seuil, le Pape invite l'enfant à s'aventurer dans le monde. La Roue de Fortune sépare l'individu conscient de lui-même du conformisme social que représentent ses animaux en habits, lui permettant ainsi de sortir du temps répétitif pour entrer dans le temps progressiste. Le Diable sépare ceux qui ne sont qu'écrasés par les épreuves de la vie, de ceux qui transforment celles-ci en creusets de spiritualité. Et enfin, Le Jugement sépare l'humanité céleste que réalise pleinement Le Monde d'un passé purement terrestre.

Dans chacun de ces Atouts, il y a donc un juge qui pose une question essentielle au disciple et ce dernier doit savoir y répondre pour changer de Niveau. Le Pape pose ainsi cette question à l'adolescent : « es-tu prêt à t'ouvrir au monde et à la multiplicité des manières d'être sans perdre une fidélité première à ta communauté familiale ? ». « Comment sauras-tu être toi-même, à travers le temps, tout en étant intégré dans la société, mais sans t'oublier dans ton individualité ? » demande la Sphinge de l'Atout X. « Comment peux-tu rester toi-même et t'accomplir, malgré la chair, ses plaisirs obsédants et ses souffrances et malgré aussi les attachements terrestres ? » demande Le Diable. « Comment malgré et par la spiritualité qui lie l'être à toute chose existante et vivante, seras-tu toi-même en tant qu'individualité qui sert le divin ? » demande Le Jugement, rappelant à chacun qu'il ne peut naître à lui-même complètement que s'il est à la fois fils de la Terre et fils du Ciel, reconnus l'un et l'autre dans leur sacralité.

L'arbre de vie est un symbole universel qui traduit la réalité cosmique vivante et accompagne la Mère divine. C'est le symbole d'Ashéra, la déesse-mère hébraïque, compagne du dieu mâle Yahvé, avant que les prêtres-rois d'Israël imposent une monolâtrie puis le monothéisme. Cet arbre de vie est au cœur de l'Éden dans le mythe yahviste de la Genèse, au même titre que l'arbre de la connaissance du bien et du mal dont le fruit dessille les yeux éthiques de l'humanité. L'arbre de vie est l'arbre oublié du culte originel d'Ashéra et qui n'existe plus, au sein de la culture hébraïque, que sous la forme de traces incomprises d'un passé oublié, que représente cependant à qui sait encore le voir la Menorah, le chandelier à sept branches. C'est cet arbre de vie qu'à la porte de l'Éden, les Séraphins gardent de leur épée de feu. En tant que symbole universel, il est la manifestation axiale, centrale, d'une verticalité qui lie la Terre et le Ciel et dont il organise toutes les manifestations. L'arbre de vie est double, une part de lui est renversée : ses racines sont autant du Ciel que de la Terre, et ses fruits sont nourris d'une sève céleste.

Le Tarot possède sa propre représentation de l'arbre de vie dont le tronc n'est autre que la Verticale des III, celle du Féminin sacré dans son pouvoir de vie qui ne rejette pas la mort mais l'inclut et que La Lune domine. Les racines terrestres sont celles du premier Niveau, les branches sont représentées par les deuxième et troisième Niveaux, et la cime par le quatrième Niveau. Mais, une fois l'Atout XX atteint, les Atouts cosmiques deviennent les racines, et les fruits de l'arbre de vie sont alors les vertus humaines, tout comme les archétypes sociaux et familiaux sont désormais traversés de lumière. Ce processus d'inversion commence dès Le Pendu, et se généralise avec l'Atout XVI qui, l'un et l'autre, transmutent l'ensemble du vécu humain : les épreuves n'en sont plus, les communautés sociales et familiales devenant l'expression d'une fraternité et d'une sororité célestes.

À la racine du tronc de l'arbre de vie ou à son faîte, on retrouve L'Impératrice qui incarne le pouvoir des femmes reliées à la Lune, pouvoir de donner la vie biologique dans l'humanité terrestre, mais pouvoir aussi de donner la vie spirituelle, la vie vraiment vivante, qui s'épanouira, en toutes femmes, quand l'humanité aura retrouvé en elle le culte du Féminin sacré, interdit par les Rois prêtres de l'antique communauté des Hébreux qui ont imposé la seule dévotion au dieu mâle Yahvé, persécutant par immolation les prêtresses et prophétesses d'Ashéra, la déesse hébraïque, incarnation antique d'une Mère Déesse primordiale propre aux cultes préhistoriques.

Il y a eu deux grandes périodes de persécution des adorateurs de la Déesse Mère, dont le culte s'accompagnait de pratiques magiques, divinatoires d'abord, mais aussi thérapeutiques : la première se trouve dans l'Antiquité, durant l'époque des prêtres-roi de Juda et d'Israël. Le mouvement de rejet de la Déesse, de ses symboles et de son culte commence en effet avec Ézéchias, fils d'Achaz, roi de Juda, descendant du roi David. La Bible témoigne qu'il « supprima les hauts lieux, brisa les stèles, coupa le pieu sacré et mit en pièces le serpent d'airain que Moïse avait fabriqué », imposant le seul culte du dieu mâle Yahvé (2 R 18 , 4). Ce « pieu sacré » qu'il fit couper n'était rien d'autre que l'arbre de vie, symbole d'Ashéra, la Déesse mère, compagne de Yahvé. Plus tard, le roi Manassé, le fils d'Ézéchias, ainsi que son propre fils, Amon, ont rétabli en Juda, où se trouvait Jérusalem, le culte d'Ashéra auquel le peuple était très attaché. Mais avec le roi Josias les persécutions contre les prêtres et prêtresses d'Ashéra reprennent avec une violence qui n'a rien à envier aux persécutions qu'ont subies les sorcières à partir du XVe en Europe, transformant la religion hébraïque qui était alors polythéiste en un monothéisme d'État.

Les lecteurs modernes n'étant plus aveuglés par la « fidélité » aux croyances religieuses transmises dans leur enfance peuvent désormais lire ce que dit en réalité ce passage du *Deuxième Livre des Rois* : il s'agit d'une terrible persécution accomplie par un roi sanguinaire dans cette extrême détermination qui était la sienne de faire disparaître le culte de la Déesse ainsi que celui des dieux adjacents qui lui étaient affiliés :

Le roi ordonna à Hilqiyyahu, au prêtre en second et aux gardiens du seuil de retirer du sanctuaire de Yahvé tous les objets de culte qui avaient été faits pour Baal, pour Ashéra et pour toute l'armée du ciel; il les brûla en dehors de Jérusalem, dans les champs du Cédron, et porta leur cendre à Béthel. Il supprima les faux prêtres que les rois de Juda avaient installés et qui sacrifiaient dans les hauts lieux, dans les villes de Juda et les environs de Jérusalem, et ceux qui sacrifiaient à Baal, au soleil, à la lune, aux constellations et à toute l'armée du ciel. Il transporta le pieu sacré hors du Temple de Yahvé en dehors de Jérusalem, à la vallée du Cédron, et le brûla dans la vallée du Cédron; il le réduisit en cendres et jeta ses cendres à la fosse commune. Il démolit la demeure des prostitués sacrés, qui était dans le Temple de Yahvé et où les femmes tissaient des voiles pour Ashéra. Il fit venir des villes de Juda tous les prêtres et il profana les hauts lieux où ces prêtres avaient sacrifié (...). Les hauts lieux qui étaient en face de Jérusalem, au sud du mont des Oliviers, et que Salomon roi d'Israël avait bâtis pour Astarté, l'horreur des Sidoniens, pour Kemosh, l'horreur des Moabites, et pour Milkom, l'abomination des Ammonites, le roi les profana. Il brisa aussi les stèles, coupa les pieux sacrés et combla leur emplacement avec des ossements humains. (...) Tous les prêtres des hauts lieux qui étaient là furent immolés par lui sur les autels et il y brûla des ossements humains. (...) De plus, les nécromants et les devins, les dieux domestiques et les idoles, et toutes les horreurs qu'on pouvait voir dans le pays de Juda et à Jérusalem, Josias les fit disparaître, en exécution des paroles de la Loi inscrites au livre qu'avait trouvé le prêtre Hilqiyyahu dans le Temple de Yahvé. 2 Roi 23, 4-24.

La haine que l'Occident porte à la magie des femmes et qui explosa, une seconde fois, à la fin de la Renaissance dans la chasse aux sorcières remonte à cet ancien temps antique. Elle connaît un second acmé au moment de la Réforme et de la Contre-Réforme, mais démarre au milieu du XVe siècle, à ce moment très particulier de l'histoire de l'Occident où le Tarot de Marseille fut créé. La lecture littérale de la Bible qui accompagne la Réforme protestante réveille en effet les grandes épurations entreprises par les prêtres rois antiques et s'accompagne d'une haine inouïe des femmes et de leurs expressions propres, et particulièrement des femmes qui font peur, des femmes célibataires, des vieilles femmes solitaires, mais aussi des jeunes femmes trop belles, trop puissamment séduisantes.

Ce n'était pas seulement Rome, le Pape, la hiérarchie religieuse, les saints, les statues, que les protestants rejetaient alors, mais aussi le dernier avatar de la Mère divine, celui de la Vierge Marie dont le peuple, nostalgique des anciens cultes à la Mère divine, avait imposé le culte aux premiers siècles de notre ère à une Église naissante plus que réticente à ce sujet. Toute forme d'expression contradictoire avec une lecture de plus en plus fondamentaliste des textes sacrés provoque au XVIe siècle un rejet radical. Le « tu ne laisseras pas vivre la magicienne » de l'Exode (22,18) devenait alors un viatique qui a conduit à l'une des chasses aux sorcières les plus violentes de l'histoire humaine.

Les procès en sorcelleries et les bûchers qui en découlèrent firent une centaine de milliers de victimes dont 80 %

étaient des femmes. Le droit des femmes à être ce qu'elles sont, des intuitives, des êtres reliées par l'intérieur au savoir souple, tout en mouvance, mais extrêmement sûr que lui donne l'écoute de la voix intérieure, tout comme les pratiques féminines de l'accouchement dont les médecins voulaient s'emparer, de la phytothérapie qui faisait concurrence aux pratiques médicales, de l'interprétation des rêves, de la clairvoyance, de l'incantation furent violemment réprimées dans ces périodes troublées par les guerres de religion, puis moquées par le rationalisme qui s'imposa à partir du XVIIe siècle. Ces incarnations des Coupes du Tarot que furent les intuitives, les phytothérapeutes, et les sages-femmes, et toutes celles qui apparaissaient désormais comme des sorcières affiliées aux forces obscures et diaboliques, sont entrées dans l'ombre de la société quand des lignées entières de femmes étaient éradiquées. Cette puissance féminine reconnue dans toutes les cultures, et de tout temps, fut niée, vilipendée, violentée dans les temps modernes de l'Occident, puis simplement moquée comme de simples élucubrations.

Cela dure jusqu'à nos jours où renaît, parallèlement au rationalisme moderne et aux mouvements religieux, conservateurs et fondamentalistes, une spiritualité féministe qui se rattache au paganisme antique attaché au culte de la Déesse, à l'amour de la nature, aux pratiques divinatoires, thérapeutiques et magiques. Bien que ces pouvoirs ne soient pas exclusivement entre les mains des femmes, ils furent et restent en grande part ridiculisés par la rationalité scientifique en tant que résidu archaïque d'une pensée magique proprement féminine qui a, durant quatre siècles et à partir du XVIIe siècle, presque disparu au profit d'une représentation du réel qui la rend presque impossible à assumer.

Or, ce que nous dit et redit, sans cesse, le Tarot holistique, c'est l'importance des pouvoirs proprement féminins de l'imagination créative, de la vision qui soulève le voile du temps, de l'incantation qui agit sur le réel, de la foi qui guérit par le pouvoir de vie/mort/vie, etc. qui sont sous l'égide de l'Atout XVIII, annonçant un retour en force futur des puissances vives de l'intuition lunaire. Starhawk, la militante écoféministe et sorcière revendiquée d'un paganisme renouvelé voit même dans les découvertes de la physique quantiques qui mettent l'accent sur le lien entre la conscience et les manifestations quantiques de la matière, mais aussi sur l'enchevêtrement de tout avec tout, ainsi que sur l'émergence d'une représentation du réel en termes de flux, une justification rationnelle et scientifique des capacités intuitives que les femmes ont toujours eues dans leur relation à la nature et à ses éléments. Starhawk annonce, de ce fait, les prochaines retrouvailles de l'humanité et du culte de la Déesse ainsi que de l'humanité et des manifestations propres de ce culte, liées à la nature, à la puissance imaginative, et à la lune.

L'arbre de vie du Tarot, dont la Verticale des III est le tronc, peut nous aider à ces retrouvailles, car il met à l'honneur la puissance guérisseuse de la magicienne, cette noble figure du Féminin sacré dont le patriarcat monothéiste a fait, sous le terme de « sorcière », le bouc émissaire d'un esprit mâle dangereusement rétréci en tant que monothéisme puis rationalisme. De chaque côté de ce tronc commun qu'est la Verticale des III, se déploient les racines et branches d'un arbre de Vie où les Atouts prennent sens par le pouvoir de l'Atout central qui les rend possibles.

Ainsi, le Tarot affirme que c'est sur la femme, mère et épouse, que repose la famille car c'est elle qui fait le lien entre l'enfant et le père ; tout de même qu'il affirme que c'est sur la Justice que reposent toutes les expressions de la communauté sociale propre au deuxième Niveau des Atouts ; que, de même, c'est sur la Mort et l'acceptation du deuil que reposent les vertus issues des épreuves du troisième Niveau ; et enfin que c'est sur l'aptitude humaine à imaginer qu'incarne La Lune, mais aussi à percevoir intuitivement les réalités subtiles souvent dévoilées dans les rêves et durant la nuit, ainsi que dans le lien entre l'ici-bas et l'au-delà que repose l'accès aux émanations cosmiques que représente le quatrième Niveau des Atouts.

Le poète Louis Aragon l'affirmait en son temps : « l'avenir de l'Homme c'est la femme ». L'avenir de l'humanité se trouve dans la redécouverte de la puissance de l'imagination et de la créativité dont les femmes n'ont jamais complètement pu se détourner. Il repose sur la capacité qu'auront les êtres humains, hommes et femmes, à s'ouvrir au Féminin sacré pour devenir des Coupes ouvertes aux bénédictions du Ciel. Alors, les femmes sauront, intimement, qu'elles possèdent, toutes, une dignité exceptionnelle en tant qu'elles sont toutes des filles de la Mère divine, toutes empreintes du pouvoir de vie et de mort de la Déesse, toutes en droit d'exercer ce double pouvoir qui s'inscrit d'abord, concrètement, dans le droit de devenir mère, tout comme dans le droit de s'y refuser.

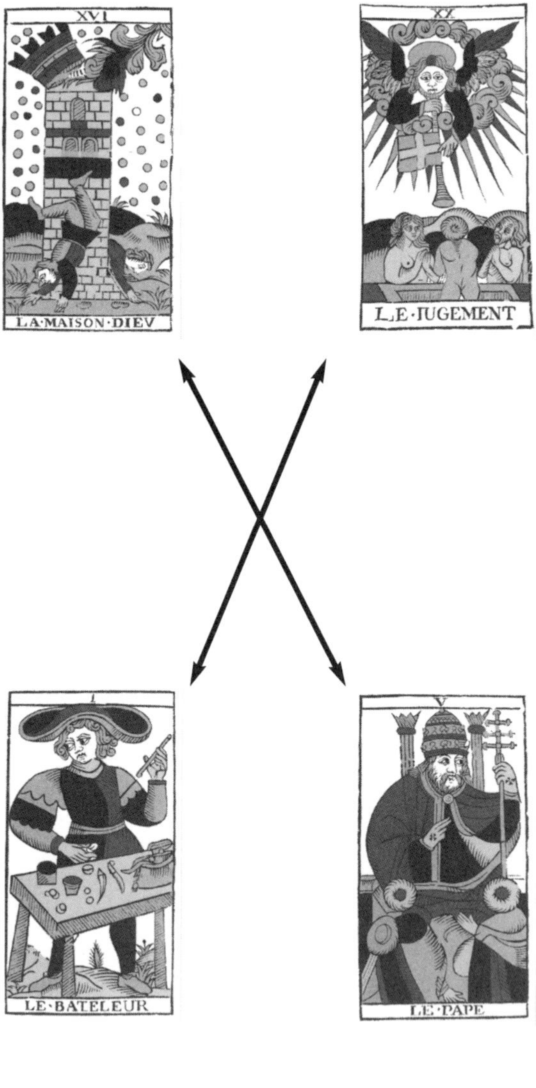
XVI
LA·MAISON·DIEV
XX
LE·IUGEMENT
LE·BATELEUR
V
LE·PAPE

IX
LES COMPLÉMENTAIRES AU SEIN DES ATOUTS

Les croix de complémentaires

L'organisation systémique du Tarot par la distribution cinq cartes par cinq ne révèle pas seulement les Niveaux et les Verticales, elle met également à jour les croix de complémentaires au sein des Atouts. L'alignement des Atouts en quatre Niveaux et cinq Verticales montre, par une addition des valeurs numériques de deux Atouts qui mène au Monde, une relation croisée qui lie les Atouts des premier et quatrième Niveaux, féminins par leur relation harmonique avec la Terre et l'Eau, ainsi que les Atouts des deuxième et troisième Niveaux, masculins, qui sont associés aux éléments Feu et Air. Les Atouts ne peuvent aller, en effet, jusqu'au XXI, qui représente la réalisation parfaite de l'humanité, qu'en passant par un autre Atout qui en est le complémentaire dans des croisées qui lient deux par deux, et par le genre, les quatre Niveaux des Atouts.

Ainsi, dans une première série qui associe les Atouts féminins du Tarot, l'Atout I (Le Bateleur) a besoin de s'associer à l'Atout XX (Le Jugement) pour atteindre l'Atout XXI (Le Monde), l'Atout II (La Papesse) à l'Atout XVIIII (Le Soleil), l'Atout III (L'Impératrice) à l'Atout XVIII (La Lune), l'Atout IIII (L'Empereur) à l'Atout XVII (L'Étoile), et enfin l'Atout V

(Le Pape) à l'Atout XVI (La Maison Dieu).

Un deuxième type d'association, masculine cette fois, lie l'Atout VI (L'Amoureux) à l'Atout XV (Le Diable), l'Atout VII (Le Chariot) à l'Atout XIIII (Tempérance), l'Atout VIII (La Justice) à l'Atout XIII (sans désignation, mais il s'agit bien sûr de la mort), l'Atout VIIII (L'Hermite) à l'Atout XII (Le Pendu), et enfin l'Atout X (La Roue de Fortune) à l'Atout XI (La Force).

Reste un couple d'Atouts qui échappe à la structure en quatre fois cinq des Atouts : Le Mat et Le Monde, couple qui se révèle bien cependant complémentaire, car zéro plus vingt et un est égal à vingt et un, ce qui signifie que pour exister pleinement et atteindre le maximum de ses potentialités, le tohu-bohu initial, riche de potentialités et d'énergie pulsionnelle qu'est Le Mat a besoin du Tout organisé, harmonisé et éternel qu'est Le Monde, tout comme ce Tout organisé a besoin, pour exister, de la force pulsionnelle d'avant la création, force riche de potentialités.

Le croisement des Niveaux féminins d'Atouts.

Le Couple I – XX (Bateleur et Jugement) nous dit que pour exister pleinement, le Nouveau dans son Potentiel a besoin de l'appui d'une Mère et d'un Père spirituels, le premier incarnant le Ciel et la seconde la Terre. De même, ce couple parental ne naîtra pleinement à lui-même que par la naissance du Nouveau, le tout petit qui contient en lui le germe du Monde, et c'est un message d'espoir pour l'humanité qui n'est pas le cancer de la biosphère, mais l'enfant spirituel dont elle attend la naissance. Il y a donc un lien évident et complémentaire entre l'Atout I et l'Atout XXI qui unissent l'enfant et les parents spirituels du Tarot, tout comme ils unissent le nouveau matériel et le nouveau spirituel, l'enfant de chair et l'enfant bleu.

Le Couple II – XVIIII de La Papesse et du Soleil met en relation de complémentarité la mère fusionnelle et le Père solaire, tout comme le caché et le secret d'un côté, le visible et transparent de l'autre, le voilé et le dénudé, l'enfermé et l'ouvert, le sombre et l'obscur d'un côté au solaire et au lumineux de l'autre, la relation fusionnelle mère-enfant et la fraternité qui naît sous la chaleur du Père solaire, la moniale et son aimé le divin solaire, etc. Aucun des deux pôles ne peut se réaliser sans en passer par cette altérité complémentaire qu'il appelle, pour dépasser, avec elle, la contradiction.

Le Couple III – XVIII de L'Impératrice et de La Lune est aligné, puisque ces deux Atouts appartiennent à la Verticale des III qui est à la fois le tronc de l'Arbre de vie et le un individualisé de la voie alchimique froide et féminine. La relation qui existe entre ces deux Atouts parle de la liaison fondamentale entre la femme archétypale et la divinité lunaire. Aucune femme ne peut accéder à sa propre dignité en tant qu'incarnation du Féminin sacré sans se relier au pouvoir créateur de la Nature comme puissance de vie, de mort et de vie par la mort, tout comme à celui de la Nuit comme puissance de germination onirique. Mais la Nature qu'incarne La Lune ne peut, elle-même, se réaliser pleinement, c'est-à-dire en tant que conscience et volonté, qu'en s'incarnant dans le féminin créateur et procréateur de l'humanité : la femme. De ce fait, La Lune est femme, et L'Impératrice est Déesse. Chaque femme porte en elle, par cette Verticalité qui est en elle, du fait de son pouvoir procréateur et créateur, la capacité de se relier directement au divin, ce qui fait de chacune d'elles une prêtresse naturelle.

Le Couple IIII – XVII de L'Empereur et de L'Étoile réunit la mâlitude dans ce qu'elle a de plus protecteur, territorial et autoritaire à l'anima dans ce qu'elle a de plus souple, confiant, cosmiquement relié et essentiel. Tout comme L'Empereur représente la défense des frontières d'une communauté régie par la Loi qu'il incarne, L'Étoile efface toute frontière entre la Terre et le Ciel, tout comme entre l'eau du Ciel et l'eau de la Terre. L'Étoile n'est autre que l'âme humaine qui est au cœur de tout homme et qui se dévoile dans les rêves, sous la forme de l'éternelle jeune vierge. Sans la reconnaissance de cette anima et de son importance, aucun homme ne peut être entier, ni vivre pleinement sa mâlitude. D'un autre côté, l'âme humaine a besoin de cette incarnation concrète qu'est L'Empereur, dans ce qu'il a de plus viril et territorial, et c'est pourquoi, il incarne, en chaque être humain, homme ou femme, l'animus, la partie masculine de l'âme humaine.

Le Couple V – XVI du Pape et de La Maison Dieu réunit la personne consacrée au sanctuaire sacré, le prêtre suprême et la cathédrale ouverte sur le Ciel en tant que Temple universel. Ce couple affirme que toute tradition spirituelle particulière doit s'élever jusqu'à la spiritualité ouverte et universelle et dès lors dépasser son particularisme et tous les côtés idéologiques, intolérants et fanatiques de la relation humaine au religieux. De ce fait, le prêtre, l'imam, le rabbin, le moine bouddhiste ou hindouiste, le chaman, etc. ne peuvent atteindre l'authentique spiritualité qui est en leur religion particulière, qu'en dépassant le cadre de la croyance traditionnelle de sa culture, pour atteindre le Temple divin universel, multicolore et libéré de la clôture culturelle et idéologique que représente la Tour fermée de sa religion. D'un autre côté, la Maison de Dieu sur Terre, ce Temple universel qui naît d'une ouverture syncrétiste entre toutes les traditions religieuses a besoin du sacrificateur qui appartient à une tradition religieuse particulière, avec ses rituels et ses croyances, et ne peut rester dans une forme de spiritualité abstraite ou touristique qui touche à tout sans rien approfondir de vraiment sérieux. C'est en étant pleinement de sa propre tradition, mais en se débarrassant de ce qui en elle est fanatique et intolérant, que Le Pape, de quelque culture qu'il soit, atteint l'authentique spiritualité que représente La Maison Dieu.

Le croisement des Niveaux masculins d'Atouts

Le Couple VI – XV de L'Amoureux et du Diable renvoie aux expériences de l'amour et de la sexualité. Aucune érotique n'est complète sans l'acceptation de l'intimité relationnelle et sans la souffrance de la dépendance, tout de même que la relation sexuelle sans amour ne peut d'élever l'âme jusqu'à sa réalisation ultime. L'érotique sincère et charnelle, à la fois amoureuse et sexuelle, représente un chemin depuis longtemps découvert par de nombreuses traditions, dont la kabbale, la philosophie de Platon, et le tantrisme en sont les plus connues. L'éros céleste qui envoie sa flèche toucher le cœur de L'Amoureux est la puissance qui permet d'aller vers l'inconnu pour oser l'interdit ou l'impossible mais, sans la lucidité du Diable, il tend à l'aveuglement. Nécessairement, l'érotique se fait jalousie et possessivité passionnelle, mais sans l'authentique passion inspirée par l'élan érotique, Le Diable reste lui-même dans une relation de jouissance, n'est nullement bouleversé, et reste ignorant de ce qui pourrait l'emmener à la transfiguration de l'Atout XXI. La lucidité du Diable, sans la sincérité et la générosité de l'élan érotique et la passion de L'Amoureux, reste dès lors dans un usage cynique et impuissant de la sexualité, comme de tout ce qu'il incarne, l'argent notamment.

Le Couple VII-XIIII du Chariot et de Tempérance associe le conquérant qui possède une chance insolente à l'homme de dialogue et des multiples compromis que représente Tempérance, rappelant que l'énergie de la passion qui permet d'avancer à grands pas sur n'importe quelle voie, doit être accompagnée de la juste mesure que représente la vertu de tempérance qu'incarne aussi l'Atout XIIII. Mais, cette tempérance et le dialogue qu'elle institue, ainsi que la capacité à être un ami véritable, à savoir autant donner que recevoir qu'incarne Tempérance ne peuvent atteindre leur but final que s'ils s'allient à l'énergie de celui qui connaît son but et s'y élance de toute son énergie et de tout son enthousiasme, ce qu'incarne Le Chariot.

Le Couple VIII-XIII de La Justice et de la mort qui se situe dans la Verticale des III et non dans une croisée d'Atout et qui incarne l'individu de la voie chaude et masculine du Tarot alchimique rappelle que la plus grande justice et la plus grande égalité sur Terre résident dans le fait que nous soyons tous mortels. Riches, pauvres, jeunes ou vieux, nous sommes soumis à la même épée de Damoclès et, dès que nous naissons, nous sommes assez vieux pour mourir. D'un autre côté, rencontrer La Justice c'est se confronter au deuil : elle oblige chacun à renoncer à une partie de son épanouissement pour faire place à celui d'autrui. Accepter d'être juste c'est accepter la castration d'une partie de son affirmation propre, en tant que nécessaire à la vie en communauté. La justice est donc une petite mort, quand la mort est la justice cosmique. Le lien entre la mort et la Justice est affirmé par toutes les mythologies religieuses : quand la justice des hommes est impuissante à punir le méchant et à préserver l'innocent, le tribunal divin et/ou le karma pèsent l'âme dans sa nature intrinsèque et punissent les méchant de manière objective, tout comme ils récompensent les bons.

Le couple VIIII – XII de L'Hermite et du Pendu met en relation le sacrifice du saint et la sagesse du philosophe. La complémentarité entre de ces deux Atouts rappelle que deux chemins se sont toujours historiquement proposés aux êtres humains qui cherchent le dépassement de l'égoïsme premier : le chemin philosophique qui a pour horizon la sagesse, et le chemin religieux et mystique qui vise la sainteté. La sagesse cherche l'équilibre entre soi et les autres en rendant l'égoïsme du Moi intelligent et mesuré, tandis que la sainteté est un déséquilibre altruiste toute à la faveur d'autrui. Face au slogan égoïste premier : « tout pour moi, le meilleur pour moi, tant pis pour les autres », le sage fait place à tous : « autant pour autrui que pour moi, mais pas moins pour moi que pour autrui », quand le saint écrase littéralement le moi propre sous le sacrifice ultime de l'âme compassionnelle : « tout pour autrui et rien pour moi ».

Bien que les deux chemins de la sagesse et de la sainteté semblent s'exclure – le sage cheminant vers la réalisation ultime d'une humanité telle qu'elle est, le saint cherchant la surhumanité par l'oblation sans limites – le Tarot nous invite à dépasser l'opposition pour la transformer en complémentarité. Mysticité et philosophie, tout de même que sainteté et sagesse ne peuvent pas, l'une sans l'autre, atteindre la réalisation ultime du Christ.

Cette réalisation implique donc que le saint soit sage, et que le sage soit saint. Ainsi, le personnage de Jésus de Nazareth se fait philosophe dans son enseignement parabolique, quand Socrate accepte le sacrifice suprême, quasi christique, en buvant la ciguë et en devenant le héros sacrificiel de l'aventure philosophique, dans sa générosité paternelle. L'un et l'autre ont changé le destin de l'Occident qui, s'il n'avait eu qu'un modèle, aurait été tout autre. L'un et l'autre créent une civilisation unique et qui reste encore à naître, Socrate initie un mouvement qui s'épanouit aux Lumières, en France, puis partout dans le monde et aboutit aux droits universels de l'être humain. Jésus de Nazareth annonce un Royaume de Dieu dont le Tarot a l'ambition de dévoiler les conditions alchimiques.

Le Couple X – XI de La Roue de Fortune et de La Force met en relation et en complémentarité le conformisme social qu'incarne la Roue de Fortune et l'individuation maîtrisée que représente La Force. Tant que les êtres humains s'identifient à leur rôle social, à leur statut, à leur métier, et à tout ce que Jung appelle « la persona », ils restent des animaux en habits nous dit l'Atout X, foncièrement mécaniques dans leur fonctionnement, et qui ne peuvent donc pas bien jouer leur partition sociale. Le médecin, le chercheur, le boulanger, le prince ou le paysan doivent donc naître à eux-mêmes en tant qu'individus, pour qu'ils se révèlent capables de produire des services et des bien réellement chargés de sens, en tant que membres de la société.

D'un autre côté, l'individualité réalisée que représente l'Atout XI ne doit pas rester seule, et mépriser l'investissement social que représente l'Atout X. C'est pourquoi La Force a besoin de La Roue de Fortune pour s'accomplir, tout comme la seconde a besoin de la première. Être complètement un enseignant, un médecin, un boulanger dans l'action, et dans la relation aux élèves, aux patients ou aux clients se révèle alors un chemin d'individuation où la reprise et l'assimilation des traditions corporatives se dépassent par le fait que chacun incarne la persona d'une manière radicalement singulière.

Les relations complémentaires au sein de la Verticale des III

La Verticale des III est unique. Non seulement elle a une posture centrale qui rayonne sur les Atouts de chaque Niveau en supportant l'essentiel du sens de ce qui s'y joue, ce qui fait d'elle le tronc de l'arbre de vie du Tarot, mais elle est aussi la seule Verticale où les Atouts ne vont pas chercher ailleurs leurs Complémentaires.

Au lieu de former une Croix de Saint-André comme les autres Atouts, les Complémentaires des Atouts de la Verticale du III où s'inscrit le Féminin sacré se rencontrent entre eux au sein de la Verticale du Féminin Sacré. Ainsi, le III et le XVIII se lient, tout de même que le VIII et l'Atout XIII, formant une droite où ce que nous appelons la voie froide et féminine du Tarot qui unit, contient la voie chaude et masculine qui sépare. Pour les Archétypes féminins qu'incarnent les Atouts de cette Verticale, il n'y a besoin de rien d'autre, pour se réaliser, que de se relier à soi-même dans une dimension plus céleste ou plus terrestre. En cela, la Verticale des III révèle la puissance des femmes et leur rôle dans le monde. À la femme qu'incarne de manière archétypale L'Impératrice, et dès lors à toutes les femmes, est dévolue une transcendance naturelle, car chacune possède en elle le pouvoir procréateur et créateur de la nature. Les femmes, par leur chair, mais aussi par le pouvoir de l'imagination, de la nuit et des rêves sont de ce fait toutes des prêtresses du divin dans sa dimension féminine, toutes des magiciennes et des sorcières dans leur pouvoir de vie et de mort, tout comme dans leur capacité à se relier à la divinité lunaire.

C'est ce pouvoir même que revendique le Manifeste Witch, énoncé à New York en 1968 : « Si vous êtes une femme et que vous osez regarder à l'intérieur de vous-même, alors vous êtes une sorcière ». Les femmes sont de ce fait des guérisseuses naturelles, des médiums spontanées, des clairvoyantes, des rêveuses, des enchanteresses, d'éternelles amoureuses, de perpétuelles sorcières qui manipulent les forces subtiles de la nature, par l'imagination créative, par leur capacité poétique, par leur foi en l'analogie et en la ressemblance qui fondent leurs incantations.

Après des millénaires de patriarcat, le Tarot enfin dévoilé dans sa structure holistique révèle l'attente de l'humanité : que les femmes assument complètement leur éternel pouvoir de donner la vie ou de ne pas la donner, voire de la retirer à ce qui doit mourir que pour la vie vivante se poursuive, ce que savent depuis toujours celles qui cuisinent pour nourrir leur famille. Si le patriarcat s'est emparé depuis des millénaires du pouvoir reproducteur des femmes, il est temps qu'elles en redeviennent pleinement les possédantes.

Désormais, la science et la rationalité ne sont plus complètement les ennemies des femmes, la découverte des fonctionnements de l'infiniment petit dans la matière, les quanta, explique de manière rationnelle le pouvoir de l'imagination créatrice. La représentation scientifique du réel qui a commencé dans le mépris de la magie est en train de devenir le moyen d'une refondation du rôle essentiel de ce que gouverne la Lune depuis toujours : le pouvoir de l'ombre. Et cette représentation rationnelle du réel, intégrée dans la Verticale qui est la sienne, prend alors le visage de La Justice qui contribue à la puissance des femmes.

Encore faut-il rester fidèle au Tarot de Marseille et ne pas s'amuser, comme le font le Rider et avant lui Jacques Viéville, à déplacer cet Atout dans la suite numérique du Tarot. La Justice est à la VIIIe place, car ce qui est important, c'est moins qu'elle suive Le Chariot et précède L'Hermite, ce qui porte aussi le sens de cet Atout, que son appartenance à la Verticale du Féminin sacré. La Justice est au quine supérieur de L'Impératrice et est elle-même surplombée par La Mort. C'est une des quatre dimensions d'une féminitude essentielle.

L'Atout adjacent

Si, devant l'organisation holistique du Tarot, les femmes comprennent leur importance, ainsi que la profonde nécessité de s'ancrer en elles-mêmes pour y trouver la source de toute créativité et se connecter à la Déesse, ce que le Tarot illustre par le lien complémentaire qu'il met entre L'Impératrice et La Lune, reste qu'étant des femmes modernes profondément déshabituées de cette double connexion, n'étant plus guidées par leurs lignées féminines éradiquées par les chasses aux sorcières, étant aussi longtemps méprisées, dans leur intérêt pour le surnaturel, par un rationalisme, et une représentation scientifique qui lisent le réel exclusivement à travers le concept extérieur de causalité extérieure, les femmes doivent apprendre à se retrouver elles-mêmes, tout comme les hommes doivent apprendre à entendre en eux la partie féminine de leur être. Or, le Tarot répond aux interrogations que cette reconnexion suscite pour peu qu'on l'interroge : que me faut-il, à moi, en tant qu'expression concrète de L'Impératrice, pour que je parvienne à mon centre de pouvoir fait d'obscurité, de nuit, de sauvagerie, d'onirisme et d'imaginaire ? Il faut en passer par le Diable, telle est la réponse qu'accorde l'Atout adjacent. Car pour aller jusqu'au XVIIIe Atout, La Lune, L'impératrice doit en passer par Le Diable (III + XV = XVIII).

Il faut se garder cependant de la lecture religieuse et patriarcale de ce lien que traquaient les chasseurs de sorcières et qui voyaient en toute femme, la proie du démoniaque. Le Diable, dans le Tarot, est le dernier et le plus puissant Atout du troisième Niveau du Tarot, il suit Tempérance, marquant une sagesse supérieure. Il est le grand Cornu du paléolithique, dieu des forêts et des forces vitales, Atout, dans le Tarot de la chair et de la sexualité. Pour comprendre l'importance que revêt la sexualité épanouie du Diable pour L'Impératrice, laissons la parole à Miriam Simos, connue sous le nom de Starhawk, néopaïenne américaine, et l'une des grandes voix de l'écoféminisme et de la wicca renaissante :

L'amour sexuel est énergie. Ce qui donne à l'échange physique son excitation, son intensité, c'est le mouvement de l'énergie vitale, une énergie non limitée aux êtres humains, mais présente dans la terre, l'air, l'eau, le feu, dans les plantes et les animaux, dans tous les êtres vivants. Comprendre que l'éros est énergie nous ouvre en grand la possibilité d'une relation érotique avec la terre. ...) Dans la culture de l'immanence, la sexualité serait honorée sous toutes ses apparences différentes. / La sexualité instinctive, la jouissance animale a été reconnue dans d'autres cultures comme une force sacrée. L'éros sauvage était connu pour générer des énergies puissantes liées à la croissance et à la fertilité animale et végétale. Les rites dits de fertilité dans les champs labourés et les orgies sacrées qui ont tellement choqué les pères de la Bible étaient des célébrations religieuses qui honoraient le caractère sacré de l'instinct, et le pouvoir de la force de vie qui palpite pas moins dans nos corps humains que dans ceux des animaux. [*Femmes, magie et politique*, 1982]

Ainsi, la femme au moment de l'épanouissement de sa sexualité prend contact avec la source de toute vie, l'énergie sexuelle qui court dans tous les êtres et les oriente vers ce dont ils ont besoin pour exister, et qui, chez l'être humain est la grande source de la créativité.

Ce qui est vrai de L'Impératrice, dans son lien à la Lune, en passant par Le Diable, l'est pour tous les autres Atouts car le Tarot dévoile quel adjuvant peut connecter entre eux les Atouts complémentaires. Chacune des connexions puissantes qui lie les Atouts complémentaires trouve, dans l'Atout adjacent le conseil qui, s'il est suivi, lui permet d'atteindre son Atout complémentaire. Ainsi, Le Bateleur ne peut atteindre sa Renaissance comme enfant bleu, fils ou fille de la Terre et du Ciel qu'en découvrant cette fraternité universelle sous l'égide du Soleil ; La Papesse doit découvrir en elle cette jeune vierge connectée aux astres et qui sert le divin qu'est L'Étoile ; L'Empereur doit découvrir en lui, Le Pendu, pour atteindre l'anima qu'est L'Étoile, c'est-à-dire renoncer en partie à l'affirmation dans l'horizontalité pour découvrir la verticalité ; Le Pape pour atteindre le Temple universel qu'incarne La Maison Dieu doit être un individu né à lui-même et maître de ses pulsions que représente La Force ; L'Amoureux pour accepter la plénitude du sexuel et la lucidité du Diable doit en passer par l'éclairage et la sagesse de L'Hermite ; Le lien entre La Justice et la Mort est favorisé par le grand sacrificateur qu'est Le Pape ; L'Hermite et Le Pendu ne dépassent l'antagonisme séculaire qui existe entre la philosophie et la spiritualité religieuse qu'en acceptant pleinement le pouvoir créatif et procréatif du Féminin sacré de L'Impératrice ; la persona incarnée par La Roue de Fortune où se jouent les coups du sort des temporalités linéaire et circulaire ne deviendra un individu digne de ce nom, connecté à la vie pulsionnelle sans s'y perdre ce qu'incarne La Force, qu'en acceptant l'individualité qui se trouve, en chacun, dans le Soi qu'incarne Le Bateleur.

Seuls deux Atouts échappent à la nécessité de se connecter à son Aide pour atteindre son complémentaire : Le Mat qui atteint tout seul et d'un seul bond Le Monde manifestant le lien qui a toujours existé entre la folie et le génie, et Le Chariot qui n'a besoin que se répéter lui-même pour atteindre Tempérance, car en allant au bout de son goût de conquête, se trouve nécessairement sa propre altération, où l'autre si étranger qu'il soit finit par se révéler un assez semblable à soi dans sa différence pour que les échanges s'établissent sur un mode plus égalitaire.

Voie froide

Voie chaude

X
LES DEUX VOIES, CHAUDE ET FROIDE, DU TAROT

Les voies alchimiques du Tarot

L'un des secrets les plus intéressants que dévoile la distribution cinq par cinq des Atouts réside dans la correspondance qu'il y a entre les couples de complémentaires et le nombre XXI dans un entrecroisement en croix de Saint André qui répète deux fois le nombre XXI, révélant alors deux voies : la voie froide, féminine, réceptrice, conceptrice et la voie chaude, masculine, émettrice, et restrictive, deux voies dont le Féminin sacré qui fait don de la vie et qui fait don de la mort se révèle l'individualité unificatrice.

Le jeu des complémentaires forme en effet deux séries de deux croix enchâssées l'une dans l'autre, et traversée par la Verticale des III, cet enchâssement symbolisant l'éternité du déploiement de cette graine de sénevé qu'est le Royaume de Dieu. Il suffit alors de la déployer et de restituer une temporalité à cette suite de croix pour qu'on retrouve, dessiné dans le jeu des complémentaires, le nombre XXI.

La voie froide met en relation les Atouts du premier Niveau et ceux du quatrième Niveau du Tarot, Niveaux féminins puisqu'en relation harmonique avec les éléments Terre et Eau, et cela sous l'égide du Féminin sacré donneur de vie. La Voie chaude met en relation les Atouts des deuxième et troisième Niveaux des Atouts, Niveaux masculins puisqu'en relation harmonique avec les éléments Feu et Air et cela sous l'égide du Féminin sacré donneur de mort. Les deux voies entrelacent le sec et l'humide, afin que le chemin d'individuation ne s'accomplisse pas sans la capacité à s'unir.

La voie froide du Tarot alchimique

La première voie qui unit des couples archétypaux essentiels lie au double X des complémentaires : XVI-V – I-XX puis VII-IIII – II-XVIIII, à la verticale III-XVIII dans son pouvoir de vie.

Le signification symbolique de cette voie est révélée par les deux Atouts de la Verticale des III : L'Impératrice et La Lune. C'est la puissance féminine de création et de procréation qui est en jeu dans ce couple de complémentaire, à la fois dans le pouvoir de vie des femmes et celui de la nature tout entière. Ce féminin sacré dans sa tonalité lumineuse une fois éveillé en chaque femme se traduit par une double relation de l'humanité individuelle à l'humanité communautaire, que cette communauté soit la communauté religieuse (V-XVI), la communauté familiale (I-XX), le couple de l'animus et de l'anima (III-XVII), ou encore celui de la prêtresse et du divin, de la mère fusionnelle et du père solaire (II-XVIIII).

Ce qu'annonce le Tarot, c'est le fait que, quand les femmes auront retrouvé, pleinement, la puissance féminine procréatrice et créatrice dans leur nature magique et qui fut stigmatisée durant tout le patriarcat, en tant qu'expression de la sorcière (lien Lune-Impératrice), les religions symbolisées par Le Pape s'ouvriront au Ciel comme La tour de l'Atout XVI, et cesseront d'être les expressions les plus dures de la construction idéologique humaine, et de même, les membres de l'humanité ne seront pas seulement fille ou fils d'un père et d'une mère terrestre, mais enfant bleu indigo, enfant de la Mère Terre, et du Père Ciel.

Les hommes les plus virils (L'Empereur) sauront alors qu'ils portent en leur cœur même une anima (L'Étoile) éminemment féminine et virginale, tout comme les jeunes femmes portent en leur cœur l'animus qu'incarne L'Empereur. Les mères fusionnelles ne seront plus jamais des mères araignées qui ne laissent pas partir leur enfant (La Papesse), mais seront heureuses de l'offrir à l'amour chaleureux du père solaire, seul capable d'instaure une humanité absolument, radicalement, et définitivement fraternelle, ayant dépassé la rivalité, l'envie, la jalousie et la haine que connaissent toutes les fratries quand elles ne sont que de la Terre (Le Soleil).

La voie chaude du Tarot alchimique

La seconde voie, chaude, émissive et masculine par essence, vise l'association du sec du deuxième Niveau des Atouts à l'humidité du troisième Niveau, mais sous l'égide du Féminin sacré dans son pouvoir de mort et de castration. C'est la voie de la séparation et de la construction individuelle. Elle entrecroise les complémentaires suivantes : Atouts VI-XV – X-XI puis VII-XIIII – VIIII-XII, sous le patronage des Atouts complémentaires VIII-XIII.

Cette voie chaude centrée sur un pouvoir quasi chirurgical dans les limitations qu'impose à chacun La Justice ainsi que le pouvoir de mort qu'incarne l'Atout XIII parle à la fois du juste équilibre dans la relation à autrui tout comme dans la relation à soi-même. Elle affirme que l'individualité réalisée dans la singularité de son être et maître de ses pulsions (La Force) doit s'investir dans la société au point d'incarner la persona d'une manière singulière (La Roue de Fortune), tandis que l'intimité relationnelle des relations amoureuse (Atout VI) et sexuelle (Le Diable), où l'irrésistible puissance de l'éros (L'Amoureux) doit être acceptée sans que rien perdre de la lucidité (Le Diable). Cette individualité doit allier la sagesse, la prudence et la guidance d'autrui (L'Hermite) au renversement des perspectives qui conduisent à la sainteté (Le Pendu). Alors, l'esprit de conquête (Le Chariot) saura s'associe au respect fraternel d'autrui (Tempérance).

Mais cela ne sera possible que lorsque l'humanité aura retrouvé, pleinement, et particulièrement les femmes, la puissance féminine de taille, de rigueur, d'équilibre et de distance émotionnelle que représente La Justice, ainsi que le détachement lié à la connaissance intime que la vie vivante n'existe pas sans la mort qu'accorde L'Atout XIII. Ces puissances de mort et de castration qui furent stigmatisées durant le patriarcat historique en tant qu'expression de la sorcière sont en réalité les légitimes pouvoirs de la femme dans son lien à la Lune et à sa puissance de vie et de fécondité.

L'addition numérique des deux voies et le nombre 210

Lorsqu'on additionne tous les Atouts en jeu dans ces deux voies, on trouve le nombre 210 (en chiffre arabe), c'est-à-dire l'union du Monde et du Mat (21 et 0).

Ainsi, voie chaude et voie froide, chacune allant au nombre 105 par l'addition des valeurs numériques de leurs Atouts complémentaires, réunissent en elles le Néant du Mat (de valeur 0) à partir duquel sans cesse se renouvelle le Tout du Monde (de valeur 21), bien que cette fois, le vingt et un précède le zéro. Le Tarot des deux voies, froide et chaude, unifiante et individuante, exprime alors la préséance du Tout sur l'impulsion jaillissante du Néant, dans la puissance apaisée de la créativité quand elle se trouve sous la protection absolue d'un devenir providentiel qui ne craint plus la mort, sachant que celle-ci est l'instrument de la vie vivante.

Et ce nombre 210 nous conduit encore, par réduction, à L'Impératrice, l'Atout III, la Femme. C'est en effet par la redécouverte du Féminin sacré que peut être atteinte la réalisation ultime de l'humanité ce que signifie aussi la réduction du vingt et un en trois. La Femme archétypale qu'est L'Impératrice contient en elle le monde tout entier, comme le cercle contient le triangle, mais aussi l'étoile pentagrammique et le dodécaèdre, figures géométriques du nombre V, et c'est pourquoi, La Danseuse est à la fois l'humanité entière dans son essence féminine, l'ensemble des femmes dans l'humanité entière, le pouvoir de vie et de mort du Féminin sacré, dont le pouvoir excède celui de l'humanité en étant le propre de la Nature tout entière. La Danseuse est La Déesse qui, contrairement au Dieu monothéiste, n'est pas un dieu extérieur, transcendant, et lointain dans sa perfection. C'est l'Immanence divine dont les femmes ont le secret.

XXI
LE·MONDE

XI
LE MONDE ET SES INVITATIONS

Qui est la danseuse ?

Le Monde est l'Atout qui contient en lui l'ensemble du Tarot. Il représente le cosmos tel qu'il apparaissait aux yeux des hommes de la Renaissance : comme un tout parfaitement organisé par les lois divines, un cosmos donc sous l'égide d'une créativité naturelle dont le nombre d'Or était le secret, nombre d'Or qui reposait lui-même sur le nombre cinq (V) et sur l'image du pentagramme, l'étoile à cinq branches.

Dans Le Monde, une Danseuse est reliée à la Terre par l'enracinement de son pied gauche, féminin, et au Ciel par le pied droit levé : le pied gauche est dédié à la Mère Terre, le pied droit est dédié au Père Ciel. C'est la posture même du Christ transfiguré tel qu'il apparaît sur la plaque de marbre qui se trouve sur le tombeau de Jésus de Nazareth au Saint Sépulcre de Jérusalem et qui fut cachée depuis le début du XVIe siècle par une autre plaque de marbre qui l'a rendue invisible aux amateurs du Tarot. Comme pour la Danseuse du Tarot, une mandorle entoure le Christ de ce marbre dévoilé en 2016 par la rénovation du Saint Sépulcre, son linceul recouvre ses reins et il tient, dans la main droite, un drapeau tandis que dans la main gauche, il porte une sorte de bourse. Très manifestement, les créateurs du Tarot se sont inspirés de cette représentation du Christ transfiguré pour concevoir l'Atout XXI. Mais une femme est représentée sur cet Atout, et non le Christ du Saint Sépulcre.

Pourquoi une femme remplace-t-elle le Christ au sein de cet Atout XXI qui reprend pourtant à la lettre la posture que les artistes de la plaque de marbre ont voulu placer sur son tombeau ? Plusieurs hypothèses s'offrent à nous.

La première hypothèse c'est que cette femme représente l'humanité entièrement transfigurée sous l'égide du Christ, et cette humanité est femme, non seulement parce que les mots italien et latin « umanità » et « humanitas » sont féminins, mais surtout parce que l'humanité pleinement réalisée dans sa nature spirituelle est, comme l'affirment les mystiques de toutes cultures, l'épouse du couple qu'elle forme avec le divin.

Mais la Danseuse peut aussi incarner le divin dans sa forme féminine, ce Féminin sacré tellement important aux yeux des créateurs du Tarot qu'ils en ont fait le tronc de l'arbre de vie qui se trouve dans les Atouts et qui est aussi l'unité verticale qui est en jeu dans les voies froides et chaudes du Tarot alchimique et qui unit les croisées d'Atouts complémentaires. De ce fait, le ou les créateur(s) ou peut-être créatrices du Tarot semblent bien avoir voulu dépeindre, par la Danseuse régnante à la fin des temps, cette Déesse mère originelle et perdue, cette Ashéra oubliée des peuples monothéistes, appelant l'humanité à lui redonner ses droits et sa place en retrouvant le culte pratiqué avant que le patriarcat ne l'ait interdit en Occident, et qui est resté vivant dans bien d'autres cultures, comme en Inde qui n'a jamais renoncé à la Shakti ni aux formes féminines du divin ou en Amérique du Sud sous la forme du culte de la Pacha Mama, et que les peuples Moso, fidèles aux formes sociales et familiales préhistoriques, adorent encore sous la forme de Gému.

Au sein même du monothéisme chrétien, cette Mère divine a siècle après siècle repris forme et force, l'Église de Rome ayant été obligée d'accorder une place de plus en plus grande à la Déesse Mère divine, sous la forme de la Vierge Marie, et dont les statues de Vierges noires, une énigme pour les théologiens, témoignent que Marie, Théotokos, n'est autre que la résurgence de la Mère-Terre-divine, où les forces de la Nuit, de l'imagination, de la Mort-qui-sert-la Vie ont donné sa couleur aux statues de la Mère divine qu'on trouve partout dans le monde et qui ne se réduit pas à la vision édulcorée de la Vierge que diffusent les hiérarchies catholiques et orthodoxes.

La danseuse, dans le Tarot, est nue et tout entière faite de chair vivante, cette chair que signale le visage de couleur qui apparaît dans les Atouts à partir du Pendu où il remplace le visage blanc des autres Atouts, coupé qu'il est encore du reste du corps de couleur de chair. La chair, c'est la matière traversée d'esprit et de conscience. C'est le corps rendu à une sensibilité qui n'est pas qu'animale, mais qui l'est aussi. Ce corps de chair possède la puissance que manifeste le quatre que forment les jambes au genou droit plié, à l'instar de l'Étoile et du Pendu. Mais à l'encontre de celle de l'Empereur, la puissance de la Danseuse du Monde est féminine, intériorisée, passive et réceptrice, car elle repose sur le sol son pied gauche et non le droit.

Une troisième hypothèse consisterait à y voir la partie féminine de l'humanité qui est, sous la forme de la Verticale des III, au centre du Tarot, comme au cœur des Croix de Saint-André des complémentaires et dès lors des voies froide et chaude du Tarot. Reprenant les Vivants du Tétramorphe décrit par la vision d'Ézéchiel et celle de Jean de l'Apocalypse, le Tarot n'aurait laissé ceux-ci à leur expression masculine, que parce qu'il réservait une place tout autre que périphérique au symbole qui incarnait les femmes : l'humanité féminine est la Danseuse, au centre du Monde.

Cette Danseuse qui décrit le hors temps d'une humanité

sortie de l'histoire est aussi l'image de l'humanité à l'ère des Coupes, où les femmes auront reconquis leur pouvoir, leur grâce, et leur rôle éminent de prêtresses de la Déesse Mère Nature, Mère de la Nuit et des songes, Reine du Ciel et de la Terre, Dame de l'imagination créative et procréative.

Mais cette dernière hypothèse nous éloigne d'une interprétation genrée des personnages aux coins de l'Atout XXI, qui fait écho à l'organisation holistique du Tarot. Même si elle accorde au Féminin sacré une claire prééminence, cette dernière ne cesse de répartir équitablement les éléments féminins et masculins du Tarot. Aussi, n'est-il pas absurde de penser que la dernière carte qui contient en elle l'ensemble du Tarot, organise les quatre Personnages en équilibrant les genres, reflet d'un Tarot entier où les essences féminines et masculines s'entremêlent.

Les deux piliers du Tarot : féminin et masculin

À gauche de la Danseuse, il y a les deux éléments qu'on peut penser féminins, en lien avec la Terre et l'Eau : la Vache et l'Ange formeraient le pilier féminin du Tarot. Ces deux éléments féminins sont en relation harmonique avec les premier et quatrième Niveaux, celui de la Famille terrestre, et celui de la Famille céleste, et il y a, nous l'avons vu, un lien intrinsèque entre ces deux Niveaux du fait des complémentaires. Mais ces deux Niveaux se séparent aussi et s'opposent sur les valeurs du sec et de l'humide, le premier Niveau étant sec et cherchant l'individuation, et quatrième Niveau étant humide cherchant l'union.

Ainsi, en dehors des complémentaires et à l'intérieur des mêmes Verticales, les Atouts des premier et quatrième Niveaux sont en dialogue les uns avec les autres, liant les Atouts I et XVI, II et XVII, IIII et XVIIII, V et XX. L'individu naissant qui a sur la table tous ses trésors (I) se distingue de la Tour ouverte qui dévoile tout ce qu'elle contient (XVI) ; la femme âgée, voilée, et solitaire (II) s'oppose dans ses manières d'être à la jeune vierge nue qui relie le Ciel et la Terre par son service divin (XVII), tout en l'aimant profondément ; le père terrestre tribal et très territorial qu'est L'Empereur (IIII) s'oppose au Soleil-père qui veut que ses enfants soient librement ce qu'ils sont, en les aimant dans la plus stricte égalité ce qui fait naître la fraternité et la sororité (XVIIII) ; enfin le Pape est un juge et un sacrificateur humain qui dispense ses enseignements religieux (V) quand l'ange du Jugement transmet ses messages par une musique céleste (XX).

À droite de la Danseuse, nous avons le pilier masculin du Tarot qui relie en verticale les deux animaux en lien avec le Feu et l'Air l'humide : le Lion et l'Aigle qui sont unis par leur chaleur, mais qui s'opposent en ce qui concerne le sec et l'humide. Le Lion cherche l'individuation, l'Aigle la communion, la communication, la synthèse et la totalité. Ces deux personnages, dans leur position au sein de la carte, indiquent la relation qui existe entre les deuxième et troisième Niveaux du Tarot, Niveaux masculins, qui doivent dépasser leur opposition entre le sec et l'humide, comme nous l'avons vu en jeu dans les Croix de complémentaires, mais il est vrai aussi qu'en dehors de ces dernières, au sein donc d'une même verticale, les Atouts s'interpellent.

Ainsi, il y a une opposition entre L'Amoureux qui hésite entre deux femmes, deux voies, deux destinées, et La Force qui maîtrise les forces pulsionnelles du lion dont elle ouvre la gueule et qui décide ce qu'elle va faire en tenant fermement les rênes de sa vie ; entre Le Chariot qui est le plus véloce des Atouts et qui découvre avec succès de nouveaux horizons et Le Pendu, le plus immobile de tous les Atouts ; entre L'Hermite qui transmet une expérience que lui seul détient, éclairant la nuit de l'inconscience ordinaire des hommes, tandis que Tempérance est dans le partage et l'échange où chacun a quelque chose à donner à l'autre et à recevoir de lui ; et enfin entre La Roue de Fortune où des animaux en habit subissent les coups du sort et l'Atout XV où les chaînes symbolisent l'aliénation d'une humanité qui a quelque chose de sombre et même de diabolique.

Les croisées d'une opposition dépassée

La Danseuse qui est au centre de l'Atout XXI manifeste la perfection de son mouvement en danse qui appelle au dépassement des oppositions. L'humanité christique qu'elle représente sait mettre en relation et en amitié les couples d'éléments radicalement opposés que sont la Terre, froide et sèche et l'Air, chaud et humide, tout comme l'Eau, froide et humide et le Feu, chaud et sec. Cette Danseuse nous invite donc encore à une relecture des Atouts des Niveaux les plus opposés pour mieux en saisir la complémentarité. Ainsi, les personnages les plus opposés que sont la Vache et l'Aigle, et le lion et l'Ange s'harmonisent, tout comme les Atouts des Niveaux I et III, et ceux des Niveaux des Niveaux II et IV.

Il y a donc une harmonie à trouver entre Le Bateleur qui démarre dans la vie et hésite encore entre ce qui est sur la table (I) et La Force qui domine son monde (XI) ; entre la solitaire et méditative Papesse qui conserve, par sa réserve et son silence, un savoir secret (II) et l'immobile et méditatif Pendu qui découvre un monde intérieur qui l'enracine au Ciel (XII) ; entre celle qui donne la vie, dans le microcosme humain L'Impératrice (III), et celle qui donne la mort dans le macrocosme de la nature (XIII) ; entre le rigide, autoritaire et même tyrannique Empereur (IIII) et l'homme de dialogue, de compromis et d'échange respectueux qu'est Tempérance (XIIII) ; entre Le

Pape qui oriente vers le bien par la distinction du bien et du mal (V) et Le Diable qui montre la vanité de cette distinction (XV). Une fois toutes les oppositions dépassées, et l'harmonie totalement instaurée, la danse peut se déployer.

La danse, c'est le mouvement libre, artistique, rythmé et collectif de l'humanité qui fait disparaître la pesanteur. La danse, c'est la matière qui entre dans la grâce de la légèreté. Selon les rêves éveillés libres qu'a compilés Georges Romey, elle symbolise de manière universelle l'affranchissement des limites spatiales et temporelles, sans que jamais le danseur ne se perde dans la démesure. C'est la représentation même du Soi selon Jung : lorsque l'individualité est réalisée dans son unicité parfaite, mais aussi connectée à tout ce qui est vivant, partageant une âme commune qui dépasse le Moi et lui donne sens. La danse est enfin féminine, car l'anima qui est toujours en question dans les rêves où la danse est centrale. Et cette anima du Monde n'est autre que le Féminin sacré.

XVIII
LA·LUNE

REYNE DE COUPE

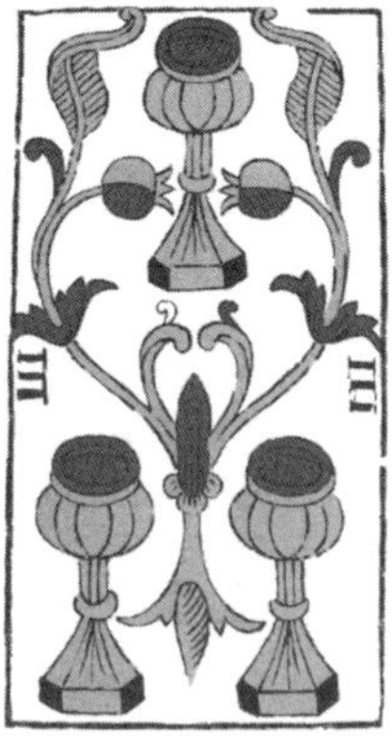
III
III

XII
LES VOISINAGES ET LES MAITRES-ATOUTS

Les voisinages et la symbolique des Atouts

L'organisation holistique du Tarot a encore d'autres trésors à présenter. Elle organise les Atouts dans des Niveaux et des Verticales afin de les mettre en relation de voisinage, ce qui éclaire, de manière remarquable, leur interprétation. Nous n'allons pas, bien sûr, reprendre un à un tous les Atouts pour dévoiler toutes les nuances de significations qui naissent des relations de voisinage. Il suffit de prendre quelques exemples, pour que chacun puisse faire ses propres interprétations.

La Papesse, Atout secret s'il en est, couverte qu'elle est de voiles, est entièrement tournée vers Le Bateleur. C'est la mère gravide de la gestation, mais aussi la mère fusionnelle des premiers mois de l'enfant, celle qui a l'esprit totalement accaparé par l'enfant qui vient de naître. La Papesse qui est mère exclusivement considère comme ses enfants, chacun des Atouts de la Verticale des II qu'elle initie. Chacun d'eux représente un fils ou une fille proches de la mère fusionnelle et qui a dû mal à s'en émanciper. Le Chariot est ainsi, le fils aimé d'une mère qui le propulse en avant sur la scène sociale et politique et à qui tout réussi de ce fait, mais le prix à payer est son incapacité à mettre à distance sa propre mère pour se lier à une femme de son âge. Le Pendu est l'enfant handicapé qui reste soutenu et protégé par sa mère durant toute sa vie, tandis que L'Étoile incarne ces éternelles jeunes filles qui ne peuvent devenir mère parce que de mère, il n'y en a qu'une, La Papesse, et qui ne pourront, le plus souvent, entrer en relation amoureuse avec l'homme qu'en tant qu'éternelles et stériles maîtresses.

L'Impératrice, pour prendre un autre exemple, est la mère triangulaire du Tarot. Elle se situe entre la mère fusionnelle qu'est La Papesse, et l'Empereur, son époux. Elle s'est éloignée d'une carte de l'enfant incarné par Le Bateleur et n'est plus, de ce fait, la mère fusionnelle des premiers mois. Dès lors la proximité de la Papesse indique une transmission de femme : sa propre mère qu'est aussi La Papesse lui enseigne ce que c'est qu'être une femme. Mais, contrairement à la Papesse qui est obsédée par l'enfant, L'Impératrice voit ses intérêts se démultiplier : elle aime son enfant, mais elle aime aussi ses autres enfants (et particulièrement Le Chariot, le fils aîné qui est à sa gauche en diagonale). C'est aussi une femme qui s'investit désormais dans le monde social, car au-dessus d'elle, se trouve La Justice. Enfin, cette femme équilibrée, n'est heureuse dans sa relation à elle-même, à la famille, et à la vie sociale que parce qu'elle est la fille aimée de son propre père (L'Hermite à sa gauche en diagonale), tout en étant la compagne de l'Empereur.

Mais si en tant que femme, elle est trop proche du père, comme l'est La Justice, elle peut devenir cette femme froide, peu ouverte à l'imaginaire de La Lune, castratrice parfois (par proximité avec l'Atout XIII) et faisant le choix libre de ne pas avoir d'enfant qu'est La Justice. Cet Atout VIII qui se tient audessus de L'Impératrice renvoie aussi, à la Tante, la sœur de la Mère, ou à une mère de substitution, la mère adoptive, ou tout simplement à une mère surinvestie dans la sphère sociale dont elle est le centre, mère lointaine, toujours un peu inaccessible, mère dure aussi dans sa rigidité face à l'enfant.

L'Empereur, qui se trouve à côté de L'Impératrice, incarne l'homme bien assis sur son trône, gardant fermement ses frontières, instaurant dans son État ou sa famille, les lois et la justice. Il en effet proche de l'Atout VIII à sa diagonale à gauche. Ce que manifeste la posture de son corps c'est son orientation : il regarde L'Impératrice. C'est l'homme aimant qui rappelle la première déclaration d'amour, celui de l'homme du jardin d'Éden qui, en voyant la femme, dont il est le complément d'un tout divisé en deux genres, s'écriait « pour le coup, c'est l'os de mes os, et la chair de ma chair ». Cette orientation du corps de L'Empereur indique que l'homme viril et territorial a besoin d'avoir rencontré sa femme pour atteindre l'épanouissement de sa mâlitude. Elle est sa motivation, comme l'enfant est la motivation exclusive de la mère fusionnelle (La Papesse). Cet homme cependant a besoin, pour réaliser en lui la plénitude de sa mâlitude, des transmissions qu'il a reçu de son père, qu'incarne L'Hermite qui se trouve au-dessus de lui. L'Empereur représente le père tribal qui veille à ce que la justice règne sur son territoire. C'est le père de la loi comme l'indique sa proximité avec La Justice (en diagonale). Mais le père tribal ne peut pas être la seule figure du Père sous peine d'écraser toute possibilité d'individuation chez l'enfant. C'est pourquoi, tout père biologique ou adoptif, se doit d'être aussi le père spirituel et socratique, qu'est Le Pape et qui se trouve à sa droite, qui incarne aussi un père de substitution ou de complément comme l'était le parrain à l'époque de la création du Tarot. Le Pape est aussi un frère du père, un oncle pour l'enfant et joue le rôle d'initiateur.

Enfin, être un homme implique qu'on ne s'identifie pas totalement au rôle social qu'accorde l'exercice du métier ce qu'indique l'Atout X qui est à la diagonale de L'Empereur. Il y a tellement d'hommes qui, dans le monde patriarcal, se sont détournés de leurs rôles de père, au seul profit de leur investissement dans la société des échanges et dans l'entreprise qui les emploie. Le Tarot met alors en garde : c'est le rôle du père socratique qui risque de disparaître dans cette identification ordinaire des hommes à la persona. Or, cette dernière figure parentale du père qu'incarne Le Pape est essentielle à l'autonomisation de l'enfant.

Chaque Atout nous raconte donc une histoire qui n'est pas contenue entièrement dans la seule iconographie, mais qui fait jouer toute une série de relations qui laissent à l'imagination des amateurs une immense latitude. Une des relations les plus intéressantes, cependant, c'est celle qui lie les Atouts aux cartes de Couleur.

Les maîtres-Atouts

Puisque le Tarot obéit à l'hermétique et que, selon cette philosophie, le Ciel et la Terre se reflètent mutuellement, nous devons interroger le type de relation harmonique qui existe entre les cartes de Couleur et les Atouts. Chaque carte numérale tient en effet son sens à la fois de sa valeur numérique et de sa Couleur, mais aussi, et c'est l'une des révélations de l'organisation holistique du Tarot, des Atouts qui, situés à une place ayant un degré de similarité avec celle de telle ou telle carte numérale, tout comme chaque carte de Cour incarne, dans la Couleur qui est la sienne, l'énergie de son maître Atout. L'Atout concerné se révèle alors le maître-Atout de cette carte numérale, tout comme Le Bateleur et L'Amoureux sont ceux des Valets, Le Chariot et L'Étoile ceux des Cavaliers, L'Impératrice et La Justice ceux des Reines, L'empereur et L'Hermite ceux des Rois, comme peut-être Le Pape ou mieux la Papesse, ceux des Prêtresses manquantes des Cours du Tarot. Cette relation est très visible entre les quatre As et Le Bateleur mais aussi entre les As et La Force et Le Monde qui représentent la parfaite maîtrise de leur univers, celui de la Terre pour l'Atout XI, celui de la Terre reliée au Ciel pour L'Atout XXI. Les As ayant la plus petite valeur numérique au sein des cartes numérales, ils s'accordent avec la notion de potentialité qu'on trouve dans Le Bateleur, mais, par leur iconographie, ils manifestent aussi l'essence, l'emblème ou la couronne de chaque Cour. En tant que tels, les As sont la puissance quintessentielle de chaque Cour, en lien avec ces deux Atouts de la parfaite maîtrise que sont La Force et Le Monde.

Les II au sein des cartes numérales sont en relation avec la deuxième Verticale des Atouts, faisant résonner les valeurs du Nombre « II » qui parle de première expression concrète, la gestation et la germination, qui suit immédiatement le potentiel qui est dans l'As. Cette première expression se révèle, selon sa Couleur, dans une tonalité d'opposition ou d'union ou encore de réconciliation. Chaque Nombre est en relation avec le maître-Atout de la Verticale qui est en corrélation avec sa Couleur. Le deux de Coupe, par exemple, réunit la symbolique du nombre II à la Couleur de Coupe qui incarne la capacité humaine à recevoir les émanations cosmiques et à exprimer les sentiments et émotions. Il reçoit de L'Étoile son dévouement, son altruisme et sa foi en la destinée. Il se traduit alors en ce commencement du couple qu'est la déclaration d'amour où chacun s'élance, avec la foi que, seul, peut conférer l'état amoureux, dans la construction d'une relation à deux. Il peut aussi traduire la réconciliation.

Pour prendre un autre exemple au sein des Nombres II, le II d'Épée parle de mentalisation, mais aussi d'épreuve, propres l'une et l'autre à la Couleur d'Épée, et cela sous l'influence du Pendu, en les situant dans la dualité conflictuelle. De fait, le II d'Épée renvoie aux soucis que cause une situation bloquée, où l'on a le sentiment d'une hostilité qui n'est pas clairement exprimée. Il dévoile qu'une relation conflictuelle ou de rivalité est en gestation et risque de causer beaucoup de soucis.

Les III des cartes numérales reçoivent les influences des Maîtres Atouts que sont pour eux les Atouts de la Verticale des III, chacun interprétant cette influence dans les limites et expressions de sa Couleur particulière. Ainsi, le III de Coupe réunit la féminité, qui est contenue dans ce Nombre sous l'influence de la Lune, à la capacité qu'ont les Coupes de recueillir les émanations du Ciel. Le III de Coupe renvoie donc traditionnellement, et de manière légitime, à la sororité harmonieuse, aux communautés de femmes particulièrement celles qui sont en lien avec la sacralité, et dès lors aux célébrations féminines du divin, aux artistes femmes inspirées, aux Actions de grâce, et aux fêtes païennes dédiées aux grands cycles de la nature et à l'adoration festive de la Déesse.

Le III d'Épée, de son côté, renvoie cette triangulation en lien avec la mentalisation propre à cette Couleur, sous l'égide de l'Atout XIII qui parle de la fin douloureuse d'une réalité désormais dépassée et dont il faut faire le deuil. Le III d'Épée est dès lors souvent interprété comme annonçant l'effondrement d'un espoir, d'une relation, ou d'un projet qui, pour attachants qu'ils soient, ne sont pas viables. Il peut indiquer aussi une relation de femmes conflictuelles, où l'envie et la haine, la médisance et la malveillance sont en jeu et génèrent toutes sortes de problèmes. Enfin, le III d'Épée peut parler de fausse couche ou d'avortement, rappelant, dans ce dernier cas, le droit absolu des femmes, dans le lien à l'Atout XIII, à ne pas donner suite à la vie qui commence en leur ventre.

Les IIII des cartes numérales expriment la masculinité qui est essentielle à la symbolique de ce nombre, mais aussi le caractère carré et territorial qu'exprime L'Empereur dans les Atouts. Il mêle à cette essence du Nombre IIII, les expressions singulières de chaque Couleur, sous l'éclairage des Maîtres-

Atouts de la Verticale des IIII. Le quatre de Bâton qui se trouve sous l'influence de L'Hermite incarne ainsi la réalisation concrète d'un ancien projet porté de longue haleine, et pourquoi pas la célébration d'un accomplissement concret, social, militaire ou professionnel. Il incarne un accomplissement dans le domaine social et politique, ainsi que la défense d'une communauté. Il parle de maîtrise dans un domaine masculin en lien à la vie sociale et politique.

Le quatre de Denier qui est sous l'influence de L'Empereur, tout en manifestant le caractère concret des Deniers. Il met en scène le confort d'une situation matérielle bien encadrée, ce qui peut se traduire par une aisance financière, mais aussi par une certaine forme de raideur en ce qui concerne la relation à autrui, et cela du fait de la défense de ses intérêts propres concrets et souvent de nature financière, sonnante et trébuchante.

Les V des cartes numérales nous emmènent du côté des juges et des franchissements du seuil propre à la cinquième Verticale des Atouts en les traduisant dans les Couleurs particulières de chaque carte. Le cinq s'accompagne toujours des « scènes de franchissement » par lesquelles la Terre apprend à se relier au Ciel et ce qui se révèle avoir une forme de sacralité. Les cartes du Nombre V représentent donc les épreuves que chaque Couleur rencontre dans son domaine, épreuves qui exigent la mise en œuvre de qualités propres à les supporter.

Ainsi, le cinq de Bâton installe l'épreuve dans le domaine militaire, sportif, commercial, politique, etc. Il manifeste la nécessité de s'affronter à la rivalité et à la concurrence, dans ses formes les plus rudes, et c'est souvent sur un ring que les conflits se règlent. Le cinq de Denier nous fait rencontrer la plus grande peur matérielle, celle de la ruine, de la misère, mais aussi de la maladie qui nous obligent à faire face au fait que le monde matériel n'est pas la totalité des choses, et il faut alors découvrir que la prière est parfois le seul remède.

Les VI des cartes numérales mêlent à la symbolique des Couleurs, celle du Nombre « VI » qui, comme les As est sous l'influence de la Verticale des Atouts du Nombre I, mais plus spécifiquement dans les dimensions collectives propres à L'Amoureux et à La Maison Dieu. Le nombre six, nous dit Georges Romey s'impose comme l'indice de la reconnaissance du corps et de la joie qui accompagne cette dernière, et cette joie est manifestée très clairement par les deux maître-Atouts : L'Amoureux et La Maison Dieu. Le six est aussi le Nombre de l'incarnation collective dans chaque Couleur spécifique, du fait de la multiplicité des personnages des deux maîtres-Atouts.

Ainsi, le six de Bâton allie la force, l'énergie passionnelle et la joie collective, à la sociabilité politique des Bâtons. De fait, cette Carte est traditionnellement considérée comme la carte du champion, de celui qui incarne la victoire et en récolte les louanges. Le VI de Bâton porte en lui l'avenir de sa communauté, et celle-ci célèbre la victoire par l'admiration qu'elle éprouve pour son champion.

Le VI d'Épée lie cette joie de la vie charnelle qu'incarne le Nombre VI à la mentalisation et aux épreuves que représente la Couleur d'Épée. Ainsi, en lien avec La Maison Dieu, cette carte parle de révélations, de dévoilements des sources des souffrances passées. De ce fait, la joie incarnée que manifeste le Nombre VI, en lien avec la Couleur d'Épée, représente souvent la thérapie, et particulièrement la psychothérapie, et toute forme de nettoyage du mental blessé. Il ouvre la porte à une nouvelle sérénité, et guide vers de nouveaux rivages apaisés.

Les VII des cartes numérales est lié au Nombre II ce que confirment l'image de ce Nombre dans les rêves éveillés libres étudiés par Georges Romey. Il en est l'expression collective, incarnant le fractionnement d'une communauté, là où le « II » parle de division entre deux personnes. Les Nombres VII sont sous l'influence de ces deux maîtres Atouts que sont le Chariot et L'Étoile qu'ils font résonner avec une symbolique très positive, au sein de chaque couleur, mais avec cette notion de fractionnement communautaire.

Ainsi, le VII de Coupes possède l'intuition des Coupes, l'énergie du Chariot et son amour de l'étranger, ainsi que l'idéalisation de L'Étoile, mais vit le fractionnement qui est une division collective et cherche l'unité perdue. Le VII de Coupes parle donc d'une personne idéaliste et compassionnelle, mais qui peut manquer de réalisme, se perdant dans des rêves sans fondement. C'est la carte des châteaux en Espagne.

Le VII de Denier engage cette puissance du Chariot et ses passions, ainsi que l'idéalisme de L'Étoile, dans le monde contradictoire de la matière et des réalisations concrètes ici et maintenant. Cette carte parle donc de travaux titanesques et épuisants mais qui ne perdent jamais leur but. Le VII de Denier représente les forces tranquilles et acharnées de ceux qui ne rechignent jamais à l'effort, ce qui leur assure un résultat certain, mais souvent sans commune mesure avec les idées qu'ils se faisaient du succès.

Les VIII des cartes numérales entrelacent l'essence du nombre « VIII » qui, selon les rêves éveillés libres, est l'expression de la « transformation », à l'influence des maîtres Atouts propres à ce Nombre que sont la Justice et La Lune, et cela à l'intérieur de chaque Couleur et de sa symbolique propre. Le nombre « VIII », nous apprennent les rêves éveillés libres, est *non seulement le signe, mais l'agent actif d'une transformation psychique, c'est-à-dire un ferment d'évolution, une dynamique en exercice, une liberté en réalisation*. On le voit, il est clairement sous l'égide de de La Justice et surtout de la Lune, ses maîtres-Atouts, La Lune étant l'Atout des métamorphoses et du changement de cycle.

Ainsi, le VIII de Coupe parle d'amour inconditionnel

et sacrificiel christique et de ses expressions parfois malheureuses dans la vie humaine. Il indique que le temps du sacrifice est désormais dépassé, et qu'il faut passer à autre chose, tandis que le VIII des Épées place la nécessité du changement dans la mentalisation sombre de cette Couleur, indiquant alors que malgré une évolution favorable, l'individualité tend à rester en arrière, dans une rumination psychique qui est un véritable enfermement.

Les VIIII des cartes numérales unissent l'essence du nombre « VIIII » à l'influence des maîtres Atouts propres à ce nombre que sont L'Hermite et Le Soleil, et cela à l'intérieur des symboliques propres de chaque couleur. Ainsi, le VIIII d'Épée porte la lumière des Atouts dans la partie la plus obscure de l'univers mental que représentent cette Couleur d'Épée, il nous confronte traditionnellement à nos pires craintes, à une mentalisation angoissée et qui tourne en rond, ainsi qu'à la réalisation de nos pires cauchemars, quand le VIIII de Coupes, semblable au Soleil, a le cœur débordant d'un amour pur et généreux pour tous les êtres qu'il rencontre. Sa richesse est intérieure, mais réelle.

Enfin les X au sein des cartes numérales mêlent à la symbolique de chaque Couleur celle de ce nombre qui marque une complétude et la terminaison, et cela, sous l'influence des Atouts porteurs de ce Nombre : La Roue de Fortune et le Jugement. Le Nombre dix a en effet dans le Tarot, une signification évidente : il est le dernier Nombre au sein des cartes numérales. Il est dès lors le symbole de l'achèvement. En tant que Nombre en lien avec le V dont il représente la collectivisation, il indique aussi le franchissement du seuil, la décade étant, aux yeux des pythagoriciens, le symbole de la Création du monde.

Le X de Denier par exemple parle de la transmission définitive des acquis matériels que représente l'héritage au sein des familles, mais aussi de toute expression matérielle aboutie, quand le X d'Épée renvoie à la rude nécessité d'accepter la mort définitive d'un projet ou d'une relation. Mais, il annonce aussi que les épreuves sont derrière soi pour peu qu'on accepte de faire le deuil de ce qui n'a que trop duré.

XIII

XIIII
TEMPERANCE

XVI
LA·MAISON·DIEV

XIII
DEATH.

XIV
TEMPERANCE.

XVI
THE TOWER.

XIII
LA STRUCTURE JUGE DES INNOVATIONS

Le Tarot de Marseille et le Rider

En 1910 les Tarots ont connu un virage très important dans cette transformation partielle du Tarot traditionnel en Tarot occulte et cartomancien. Cette année-là, vint au jour une recréation anglaise du Tarot qui orienta la relation que la majorité des Anglo-saxons allaient ensuite avoir avec ce jeu initiatique. La Golden Dawn, l'Ordre hermétique de l'Aube dorée, une société secrète fondée à Londres en 1888 et qui avait synthétisé à peu près toutes les sources occultistes d'Orient comme d'Occident, après s'être emparée du Tarot de Marseille, le refonde dans un jeu qu'on désigne sous le nom de famille de son éditeur : Rider, mais aussi parfois sous ceux de ses deux concepteurs : Waite (Arthur Edward) et Smith (Pamela Colman).

Ce Tarot est devenu, pour les pays anglo-saxons, une source équivalente à ce que représente, en Europe continentale, et particulièrement en France, le Tarot de Marseille, mais alors que les continentaux cherchent dans leurs bibliothèques un Tarot toujours plus originel, les Anglo-saxons ne cessent de créer de nouveaux Tarots, tous inspirés du Rider, parmi lesquels citons, les remarquables *Enchanted Tarot* d'Amy Zerner et Monte Farber aux Cartes artistiques faites d'assemblages de tissus colorés, le *Golden Tarot* de Kat Black, aux Cartes composées à partir de tableaux médiévaux, ainsi que les jeux de Ciro Marchetti pour ceux qui apprécient les images de synthèse.

La multiplication actuelle des communications du fait d'internet, ainsi que les progrès fulgurants des logiciels de traduction automatique permettent désormais l'accélération des échanges entre les amateurs, continentaux et anglo-saxons du Tarot. De ce fait, on voit de plus en plus de continentaux se passionner pour le Rider et ses expressions modernes, certains voyant dans les saynètes qu'ils proposent des Cartes numérales, le moyen d'enrichir leur connaissance du Tarot de Marseille, d'autres considérant que ce sont finalement deux types si différents d'oracles qu'il ne faut pas les penser l'un par l'autre, oubliant que toutes les modifications opérées par les occultistes des trois derniers siècles n'ont eu pour ambition que de rectifier les éventuelles erreurs commises par des cartier qu'ils jugeaient infidèles à un Tarot originel.

Considérer en outre le Tarot de Marseille et le Rider comme de simples oracles, au même titre, par exemple que le très respectable Belline, est une réduction difficile à accepter, tout comme ce serait une erreur de se fier entièrement et sans recul à l'éclairage que propose le Rider des Cartes du Tarot, qu'elles soient numérales, de Cours ou des Atouts.

Si le Rider, dans sa recréation du Tarot, s'inspire parfois des Triomphes italiens de la Renaissance et propose des interprétations de Cartes qui ne manquent pas d'intérêt, et s'il se révèle, même, à propos de certaines, comme une perspicace recréation du Tarot de Marseille, la connaissance de l'Organisation holistique nous oblige à dénoncer certaines des transformations qu'il a opérées et qui, loin de revenir à la source d'une authenticité perdue, nous en éloignent manifestement. Nous ne pouvons pas comparer une à une les Cartes du Tarot de Marseille et du Rider, ce qui mériterait un ouvrage en soi. C'est donc seulement à travers quatre exemples que nous examinons comment la structure holistique du Tarot se révèle un instrument incomparable pour s'exercer à juger du bien-fondé des métamorphoses qu'a fait subir la Golden Down au Tarot de Marseille, sans chercher non plus à en faire l'analyse exhaustive, mettant simplement l'accent sur quelques éléments parlants. En exemple d'interprétations qui semblent inacceptables, l'inversion des places entre les Atouts VIII et XI ainsi que l'interprétation catastrophiste de l'Atout XVI sont suffisamment parlantes, tout comme, en un sens contraire, les intéressantes et enrichissantes transformations des Atouts XIII et XIIII nous semblent de bonnes illustrations de cette créativité symbolique fidèle à l'esprit du Tarot que manifeste souvent le Rider.

L'inversion entre les Atouts VIII et XI

La plus inacceptable des transformations opérées par le Rider est peut-être l'inversion de la place et des Nombres des Atouts VIII et XI, place que la Structure holistique du Tarot rend au contraire inamovible.

La Force est en effet l'une des plus puissantes expressions de la symbolique du « I » qui prend place au sein d'une Verticale qui rassemble Le Bateleur, L'Amoureux, La Force et La Maison Dieu. Le « I » est le Nombre de l'individuation et de son cheminement. Reflet microscopique du Monde dont le nombre affirme la maîtrise à la fois de la Terre et du Ciel, l'Atout XI indique que la totalité des expressions de la Terre du Tarot est intégrée par une individualité désormais maîtresse de ses pulsions. C'est ce que manifeste la posture du personnage féminin qui domine le lion dans l'iconographie, mais aussi le nombre XI où un « I » suit un « X » ce qui symbolise une première unité complète, celle de la Terre des Atouts.

L'individualité maître d'elle-même qu'est La Force peut alors affronter avec courage les épreuves du troisième Niveau qui vont permettre d'acquérir la patience du Pendu, le détachement de l'Atout XIII, le sens de la juste mesure et du compromis de Tempérance, tout comme la lucidité du Diable, toutes ces vertus qui s'égrainent au fils des cinq Atouts du troisième Niveau et qui rendent l'humanité capable de s'ouvrir au quatrième Niveau.

Il y a un écho dans la Danseuse du Monde, de cette femme qui, tout en douceur, mais fermement, ouvre la gueule du Lion, l'animal royal. L'une et l'autre sont les expressions d'une féminité faite de puissance et en même temps de douceur. L'une et l'autre sont maîtresses de leur maison entière, maison de Terre pour La Force, maison de Terre et de Ciel pour la Danseuse du Monde.

De son côté, La Justice a pleinement sa place au sein du Tarot systémique en tant qu'Atout VIII, c'est-à-dire en tant qu'expression d'une féminitude sacrée qui a pouvoir de juger et de trancher dans le vif ce qui doit l'être pour que la vie circule. Cet Atout féminin appartient de plein droit à la Verticale des III, Verticale où se trouvent aussi L'Impératrice qui donne la vie au sein du monde des êtres humains, La Lune, incarnation de la Nature, maîtresse de la Vie comme de la Mort, de l'ici-bas comme de l'au-delà, mais aussi L'Atout XIII, la mort-servante-de-la-vie-vivante. La Justice est l'équivalent microcosmique et social de l'Atout XIII en tant que puissance macroscopie qui arrache à la vie ce qui doit être arraché pour que la Vie vivante continue de se développer et de s'épanouir au sein de la nature et de la société.

La Justice, en tant qu'Atout VIII a, d'autre part, pleinement sa place au cœur du deuxième Niveau des Atouts du Tarot, Niveau qui est en harmonie avec l'élément feu et la Couleur de Bâton, et qui décrit la vie humaine dans la communauté sociale et politique. C'est l'idéal de la justice, et non La Force, qui est le centre essentiel d'une vie économique et sociale, mais aussi politique et qui serait impossible sans elle.

L'analyse de l'organisation holistique du Tarot permet donc, avec assurance, de rejeter comme inacceptable l'inversion opérée par le Rider entre les Atouts VIII et XI.

L'interprétation catastrophiste de l'Atout XVI

L'Atout XVI du Rider est très infidèle à la représentation originelle du Tarot de Marseille. Reprenant une vision catastrophiste qui existait, incontestablement, déjà à la Renaissance et dans les jeux princiers, comme en témoigne la première des trois Feuilles non coupées de la collection Rosenwald conservée à Washington, où l'on voit une Tour en ruine foudroyée par la puissance vengeresse du Ciel, le Rider fait de cet Atout une forme brutale et soudaine de châtiment divin. Cette interprétation très sombre du XVIe Atout s'enracine dans une conception d'un Dieu violent, jaloux et patriarcal qu'on trouve dans l'Ancien Testament, et qui est très loin de la représentation du divin qu'avaient les créateurs ou créatrices du Tarot de Marseille, enracinée qu'elle était dans l'hermétisme tout comme dans le message évangélique où un dieu d'amour solaire enseignant le pardon et une fraternité universelle a remplacé le dieu jaloux d'Israël, ses menaces et ses châtiments.

La place qu'occupe cet Atout XVI, à l'intérieur de la représentation holistique du Tarot qui se révèle par la distribution des Cartes cinq par cinq, donne un tout autre rôle à l'éclair qui ouvre la Tour : c'est un éclair de plume et non de feu. Et ce n'est pas une punition mais une transfiguration qu'il institue. Cet éclair symbolise la transmutation de la pierre qui passe du pesant au léger, transmutation qui peut être brusque, mais jamais négative. En outre, La Maison Dieu inaugure le Niveau cosmique des Atouts où se répandent, sur une humanité enracinée dans le Ciel, les bénédictions célestes en gouttes de lumière et en musique des sphères.

Dans le Tarot de Marseille, ce n'est pas la première fois que des êtres humains se retrouvent pieds en l'air et la tête en bas. La Carte du Pendu doit avoir éveillé l'œil de l'amateur, et l'avoir conduit à voir autre chose dans cette posture qu'une chute ou une forme de torture. Par son visage d'une sérénité manifeste, Le Pendu apprend à l'amateur attentif que l'inversion de sa posture a une signification spirituelle : à partir de l'Atout XII, certains êtres ont une vision qui relève du Ciel et non exclusivement dans la Terre.

Dans l'Atout XVI, est en jeu cependant un enracinement céleste qui, cette fois, est collectif : l'humanité vit, avec l'arrivée de cet Atout, une inversion de l'interprétation qu'elle avait jusqu'alors de la vie, entrant dans une relation éthique où le puissant ne se sert pas du faible, en faisant un usage égoïste de ses charismes, mais le sert, car c'est ce service qui donne sens aux dons que chacun reçoit en naissant. C'est au demeurant l'une des significations médiévales que possède ce terme de « La Maison Dieu » qui n'a rien d'énigmatique : il renvoie non seulement au vrai Temple divin qui ne peut être qu'ouvert au Ciel, mais aussi à l'hôtel-Dieu, où les déshérités étaient accueillis, nourris et soignés depuis le Moyen Âge. L'Atout XVI appelle le service humanitaire qui va s'exprimer de manière encore plus nette dans l'Atout suivant, L'Étoile, où l'on voit une jeune femme, le genou droit au sol, versant l'Eau du ciel sur la Terre, la mêlant aussi aux eaux terrestres. Les personnages de l'Atout XVI ont les mains dirigées vers la Terre : leurs œuvres sont le produit de cet enracinement céleste qui est désormais le leur.

Le haut couronné de la Tour n'est pas détruit par un éclair vengeur divin, mais ouvert par un éclair fait de plumes qui révèle le léger dans le pesant de la matière. La présence conjointe, dans l'iconographie, de la pierre et de la plume raconte la transmutation de cette fermeture idéologique que représente toujours la tour comme symbole, en une spiritualité tolérante, capable de recevoir les inspirations du Ciel, mais aussi nourrie de multiples horizons, syncrétiste, dépouillée de tout désir de domination, faite d'une tolérance parfaite à la diversité des expressions de la spiritualité humaine, ce que manifeste le fait qu'il y ait deux personnages sur la Carte. Avec l'Atout XVI, ce qui disparaît pour toujours, ce sont les guerres des religions et des idéologies. Il ouvre une ère de paix et de parfait respect de la diversité culturelle que l'humanité n'a encore jamais connue. C'est le temps du dépassement des religions particulières qu'incarne tout particulièrement cet Atout, quand chaque religion comprend, enfin, qu'elle ne représente qu'une des couleurs de l'arc-en-ciel et que la lumière blanche du divin, qui contient en elle toutes les couleurs, ne saurait s'y enfermer.

La clé de la bonne interprétation de cet Atout est révélée, enfin, par la place qu'il occupe au sein du Tarot holistique : cette Carte ne peut pas avoir une interprétation essentiellement négative, car elle ouvre à l'aspirant le quatrième Niveau des Atouts, le niveau cosmique, où se répandent, sur la Terre, les bénédictions du Ciel. L'Atout XVI incarne dès lors une posture humaine collective faite de tolérance, de bienveillance et d'oblation, de service à l'autre, et de créativité spirituelle qui se confirment, dans l'Atout suivant.

L'épis de blé de l'Atout XIII et la mort à cheval

La Mort à cheval, qu'ont voit en jeu dans le Rider pour illustrer l'Atout XIII, existait déjà dans certains jeux princiers à Triomphes. La Mort, comme Puissance destructrice inhérente au processus même de la vie, possède en effet différentes expressions traditionnelles qui ont inspiré les artistes tant au Moyen Âge qu'à la Renaissance. Si dans le Tarot de Marseille, la Mort apparaît comme un squelette avançant à grands pas, avec sa faux, pour couper la vie des êtres humains, semblable à une sorte de paysanne médiévale décharnée en train de couper le blé mûr et de moissonner, dans la version Cary-Yale du Tarot Visconti Sforza, le squelette de la mort monte un cheval caracolant, avançant vers la gauche, portant une grande faux qui coupe les têtes des personnages dont le buste dépasse le sol. Ce cheval nocturne monté par la mort n'est pas un animal ordinaire. C'est un être des ténèbres aux pouvoirs magiques. Dans la culture d'Asie centrale où règnent chamanes et cavaliers, le cheval noir emmène l'homme qui le monte au seuil du monde invisible. « Fils de la nuit et du mystère », selon le Dictionnaire des symboles de Chevalier et Gheerbrant qui cherchent les jonctions symboliques au croisement de toutes cultures, le cheval « est porteur de vie et de mort » et il est lié à la Lune. Il n'est donc pas étonnant que l'Atout XIII du Rider reprenne l'image de la mort à cheval, pour le faire avancer, comme dans le Tarot de Marseille, vers la droite. Le cheval de l'ombre est un symbole qui a toute sa place dans cette Verticale des III où la Mort sert la Vie vivante.

C'est cependant un cheval en arrêt devant l'évêque en prière qui est présenté, et la mort porte un drapeau noir qui comporte la fleur blanche de la spiritualité en son cœur, une fleur à cinq pétales, symbole de l'âme humaine capable de survivre à la mort du corps physique, pourvu nous indique l'iconographie de la Carte, que cette âme soit guidée religieusement par l'évêque à mitre et en habit de couleur du soleil, qui se trouve devant elle en prière, se présentant donc, par ses prières, comme le protecteur de l'humanité.

Le Tarot de Marseille, dans sa représentation de la mort,

obéit à une symbolique qui n'est pas tant religieuse qu'elle relève d'une spiritualité païenne où parle puissamment, le langage universel des symboles : la colonne vertébrale de la Mort en squelette avançant à grands pas est faite d'une ligne d'épis de blé. Or, ce symbole rappelle, lui aussi, le lien qui existe entre la vie et la mort, lien essentiel dans cette Verticale des III où La Lune surplombe La Mort. L'épi de blé qui tient la Mort debout souligne le fait que la Mort est une mort pour la vie vivante dont La Lune est le symbole.

Selon les rêves éveillés libres compilés par G. Romey, le blé est le don de la Terre-Mère divine, et c'est pourquoi, toutes les grandes déesses antiques de la Mère divine ont pour attribut une couronne d'épis ou la gerbe dorée. *Le champ de blé est une mère qui aurait les dimensions de la nature entière. Peu de symboles expriment aussi totalement l'idée de la mère cosmique, dispensatrice de vie et de mort*, explique encore George Romey qui ajoute : *Vie, le blé est mère, génération, abondance, multiplication, prolifération. Mais les cycles de la vie comprennent la mort. Le grain nourricier ne peut se réaliser que par le sacrifice. Le destin du champ de blé veut qu'il soit moissonné. ...) vie et mort, sexualité et angoisse de castration, mère semeuse et mère sorcière ...). Mère terrestre, mère cosmique, cycle de la vie et de la mort... Destin... dans la dynamique évolutive, le blé ouvre un chemin au rêveur qui accepte d'aller vers ce qu'il ne peut encore connaître.*

Le Tarot est fait de grands symboles. À notre époque, nous possédons pour nous éclairer, les compilations qu'a faites G. Romey des usages que fait l'âme humaine, dans les rêves, des symboles universels. Nous sommes à même de comprendre que remplacer un symbole par un autre, ce qu'ont fait tous ceux qui ont voulu recréer le Tarot à leur manière, reste délicat et exige qu'on maîtrise bien cette symbolique universelle, ainsi que la signification de chaque Carte et sa place au sein de l'organisation holistique du Tarot. Le Blé de la colonne vertébrale de la mort en squelette, qui disparaît dans le Rider, rappelle en effet, à celui qui ouvre le Livre du Tarot par une distribution des Cartes cinq par cinq, que la mort est une dimension intrinsèque du processus vital, et que la Mère divine que représente La Lune possède un pouvoir de vie qui est aussi un pouvoir de mort-pour-la-vie-vivante. Le cheval noir des ténèbres et son lien à la Mère divine et aux figures lunaires qui emmène aux portes de l'autre monde en est cependant un équivalent, même si le Rider situe ensuite la problématique de sa Carte au sein d'une scène religieuse qui dit quelque chose de plus, et peut-être de trop, à ce stade de l'Atout XIII, déplaçant l'intérêt du côté des religions monothéistes et du rôle de ses représentants.

La belle représentation de Tempérance

L' organisation systémique du Tarot qui nous invite, par ailleurs souvent à l'admiration face aux intuitions du créateur et de la créatrice du Rider que sont Arthur Edward Waite et Pamela Colman Smith. De nombreuses Cartes sont en effet l'expression d'une perspicacité et d'une finesse, dans la saisie de la symbolique du Tarot de Marseille, qui sont d'autant plus surprenantes qu'elles ne s'appuient pas sur une Structure holistique alors indévoilée.

Comment ne pas admirer la représentation que fait le Rider de l'Atout XIIII où un ange d'essence masculine et portant sur le font un soleil qui se répète dans le fond de l'image, incarne le lien intrinsèque qui unit cet Atout au Soleil qu'il précède et annonce, au sein de la Verticale des IIII ?

Tempérance dévoile alors les conditions de cette fraternité universelle qu'incarne l'Atout XIIII, par les qualités qu'elle incarne, qualité du dialogue, de la juste mesure, de la capacité à faire des concessions, ce que représente le double flux de

Tempérance. Cette Carte institue, en outre, une égalité radicale entre tous, puisque les flots de la vasque supérieure se mêlent aux flots de la vasque inférieure, chacune des vasques manifestant sa compréhension de l'autre. Cette égalité sera magnifiée dans l'Atout XVIIII, sous la lumière du Père solaire qui aime tous ses enfants, fort ou faible, bon ou méchant dans la plus stricte égalité.

Une autre recréation du Tarot a, de même, dévoilé ce lien intrinsèque entre les Atouts XIIII et XVIIII : le jeu Camoin-Jodorowsky : sur le plastron de l'ange que présente Tempérance, un soleil auquel manque l'un des quatre quarts illumine le cœur du personnage. Le quatrième quart sera celui du Soleil que Tempérance annonce, dans cette Verticale des IIII. Tempérance est Le Soleil moins un quart, le premier quart du Soleil renvoyant, au sein de cette Verticale des IIII, à L'Empereur, le second à L'Hermite, et le dernier à Tempérance. Il faut encore un quart pour aller jusqu'au père divin qu'est le Soleil.

CONCLUSION

Le Tarot est né de la vision la fois artiste, hermétiste, peut-être même alchimiste que des humanistes se sont fait du réel et de sa temporalité, à ce moment particulier de l'histoire de l'humanité où une pensée véritablement libre retrouve l'essence du message christique, le dépouillant des interprétations de la théologie médiévale, tout en n'étant pas encore enfermé dans le rationalisme qui allait s'imposer dans les cinq siècles à venir. Le Tarot a été créé au commencement de l'ère des Épées, ère de la mentalisation du réel, ère des sciences et des techniques, mais ère aussi des grandes épreuves de l'humanité et des grandes vertus qui en découlent : vertu d'authentique individuation, de reliance, de détachement, et aptitude aux compromis, à l'échange, tout comme à la lucidité face aux multiples dépendances et à ce que Jung appelle l'ombre qui est en chacun.

Aucun siècle n'aura autant été celui de la lucidité que le XXe siècle, et d'une lucidité durement acquise. C'est le siècle des sciences humaines, de la psychanalyse, des dénonciations de la domination et des déconstructions en tout genre, y compris de ces manifestations mêmes qui, au XVe siècle particulièrement, fondaient la foi humaniste en l'humanité. Mais ce désabusement moderne n'est pas le dernier mot de l'aventure humaine, selon le Tarot. Il y a une dernière étape à franchir qui ne mènera pas nécessairement à cette apocalypse noire que certains voient comme un avenir proche inéluctable. Nous sommes, en réalité, à la porte de l'ère des Coupes, où une humanité durement abrasée par les épreuves du quatrième Niveau, libérée de la domination et du patriarcat, se révèlera capable de s'ouvrir aux bénédictions du Ciel.

Le Tarot a en effet une vision du rôle de l'humanité dans l'univers qui est une espérance. Il affirme l'advenue d'une humanité christique, capable de vivre chaque instant avec la grâce d'une Danseuse éternelle, pour créer, sur Terre, un Éden qui ne se situe pas à une aube radieuse et toujours plus éloignée de l'histoire humaine, mais qui en constitue au contraire l'horizon. Cette humanité sera celle des Coupes qui a redécouvert en elle la puissance du Féminin sacré. Le Tarot est donc un acte de foi en la vie, en son devenir, dans le lien entre son destin et celui du reste du monde.

Mais pour que cet acte de foi ne reste pas qu'un acte de foi, mais s'incarne en une humanité reliée au Ciel et tout autant à la chair de la vie vivante, elle doit retrouver la puissance féminine qui se trouve en toute femme et qui les relie à la Mère divine, dont le symbole – l'Arbre de vie – est au cœur de l'Éden biblique bien que son sens ait été oublié. Le fruit de cet Arbre attend l'humanité, il reste à prendre ; car le trouver et le manger conditionne le retour dans l'Éden.

En retrouvant le culte de la Déesse Mère qui est d'abord notre Mère Nature, mais qui est aussi la Mère de la nuit, du pouvoir des rêves et de l'imaginaire, de l'obscur, du caché, du germinal, et qui est encore la Mère qui soulève le voile du temps pour nous connecter à la vie vraiment vivante, sauvage, instinctuelle, mais aussi intuitive, les êtres humains ne seront plus les tyrans de la nature qu'ils furent depuis cinq siècles, tout de même qu'ils apprirent à devenir les tyrans de leur frères et sœurs en humanité. En retrouvant le Féminin sacré, chaque homme saura qu'au cœur de tout Empereur, il y a la plus gracieuse des fées. Et les femmes reprendront le pouvoir qui est le leur en tant que filles de La Lune et que des millénaires de patriarcat ont muselées, et dont ensuite la modernité scientifique et rationnelle a nié l'existence : elles sauront qu'elles sont toutes des prêtresses de la Mère divine, les créatrices du Nouveau, du vraiment et perpétuellement vivant, de ce qui se renouvelle sans cesse, et elles sauront que leur sagesse est sûre, qu'elle s'enracine en elles, au plus profond de l'obscurité créatrice, dans ce que la science moderne désigne sous le nom de « champ quantique ».

La structure holistique du Tarot qui se révèle lorsque l'on distribue les Cartes cinq par cinq met en évidence cette importance du lien des femmes mais aussi des hommes à la Mère divine qui n'est pas seulement la Mère parfaite, la Mère idéalisée qu'est la Vierge Marie, mais aussi la Sœur, l'Épouse, et encore l'Amante qui fait de l'énergie sexuelle une dimension essentielle de son pouvoir de vie vivante. C'est La Lune aux triples visages dont l'humanité a toujours fait le symbole de la Mère divine et L'Impératrice qui se révèlent, dès lors, dans le Tarot, comme les deux Atouts les plus importants avant Le Monde. Elles sont le cœur du Tarot, à la fois l'une et l'autre la racine et la cime de l'Arbre tarologique.

Le Tarot est étonnamment féministe à une époque où la Réforme et l'Église, les guerres de religion et la chasse aux sorcières détournaient les êtres humains du pouvoir de l'imagination et annihilaient les forces vives des lignées de femmes sages. Un humaniste ou un petit groupe d'humanistes ou, pourquoi pas, une humaniste ou un petit groupe d'humanistes femmes a voulu léguer au monde, sous la forme d'un jeu inoffensif que l'Inquisition et les tribunaux civils de l'époque ne pourraient soupçonner, un message qui préservait le savoir hermétique et le rôle essentiel que ce savoir reconnaît aux femmes dans le destin christique de l'humanité. Le Tarot est parvenu jusqu'à nous. La clé a été retrouvée. À chacun désormais d'en faire son miel. Le temps presse.

Dépôt légal 4e trimestre 2021

Cet ouvrage a été achevé d`imprimer
par Pulsioprint.com en juin 2021
Imprimé en Communauté Européenne